陪你一起　風和日麗

#泰先生（崔聖哲）

Taishiansheng

作者序——

陪你看風和日麗

一切的開始，都是五年前的一個下午吧。

那是在一家文具店外，我遇到有一陣子沒碰面的朋友，她問：「你怎麼最近在臉書分享的照片都沒有配文章？我很喜歡看你所寫的那些發想。」我才知道，原來有人會喜歡我寫下的那些零碎想法。於是，當天晚上便試著開設一個專頁分享自己的音樂和文字創作，也害怕身邊的朋友認為我在發網紅夢，因此，並沒有使用自己的本名，而是用英文名字裡的Ｔｙ（發音：泰），這便是「泰先生」的由來了。

雖然沒人能認得出是我，可是，又有一點後悔，因為這個名字一點詩意都沒有。

我的閱讀量並不大，也很少觸及藝術或文學類書籍，曾經還為此感到自卑，青澀的文字與簡單的旋律就僅僅只是我腦海的直接投射。記下生活裡的領悟和反省是我的習慣，隨著這個習慣，就這樣默默地經營了「泰先生」五年，也凝聚了一群與這些創作共鳴的人。

與其說是創作陪伴著人，不如說是人陪伴了創作。身為創作者的我，因為身旁有著同樣感受的人們陪伴著，他們看著我這五年來的快樂和悲傷、感動和絕望，試著用心來感受文字背後的想法。無論是在我的深夜直播裡默默聽我講話和歌唱，還是在私訊中對我分享自己的故事和感受，又或是到演唱活動給我一個擁抱。這一切的陪伴成為了我繼續創作的動力，如果可以，我也想要用自己的文字、音樂來報答這些陪伴。

有一次直播時，我問了大家，如果要改掉「泰先生」的名字可以嗎？有位朋友他表示支持我的決定，只是「泰先生」是他認識我的開始，也是一直以來陪伴他度過一次又一次低潮的名字。看見「泰先生」就會直覺地想起我，一種遠比名字更重要的心意。我那時才明瞭，名字詩意與否根本不重要，能在你們的心中根植下來，陪伴著你們才最重要。

這本書就是一種陪伴。坦白說，出書對我來說有著些許不安，甚至有一點害怕的，因為那對我來說是陌生的事情。還是要感謝悅知文化，特別是小世和子晴，在大家的協助下，我才可以更進一步地創作，無憂且更深刻地記下我對生活的感觸，給予你們陪伴。

世界有時會展現它殘酷的一面，而陪伴將會是我們在各自的人生裡並肩前行的力量。為此，我想要成為更強大的人，唯有在一次又一次的悲傷和絕望中振作起來，才會一點一點的變好，也才可以讓大家安心倚靠，讓你知道一切都可以好起來。如果你正在翻閱這本書，請你陪伴我一起，坐看風和日麗。

#成長

01

每一天，都要比昨天的自己站在更高的地方

#愛

02

在愛與被愛之間，我選擇牽起你的手

#世界

03

即使生活以苦痛待我，仍要溫柔前行

#自己

04

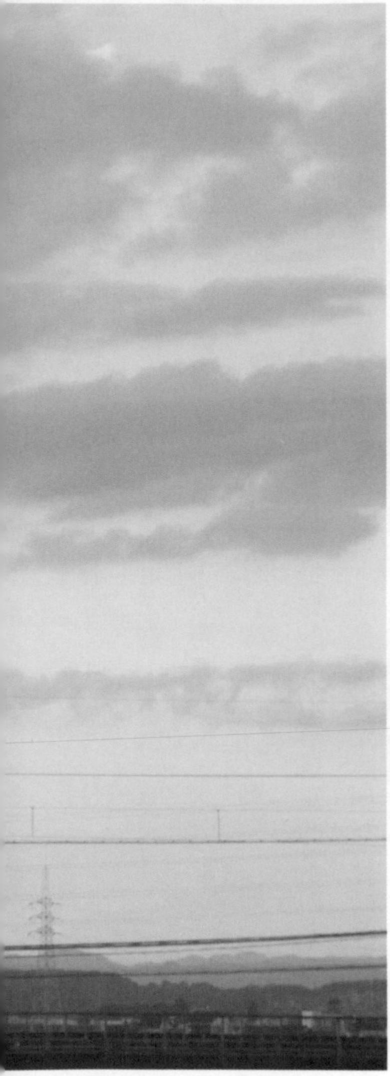

不一定要擁有「夢想」才幸福，
如果「夢想」成為了負擔，
那我們可以單純找出自己所擅長的事，
進而思考面臨人生選擇時，
哪一條道路比較適合自己，
找到比較幸福的旅程。

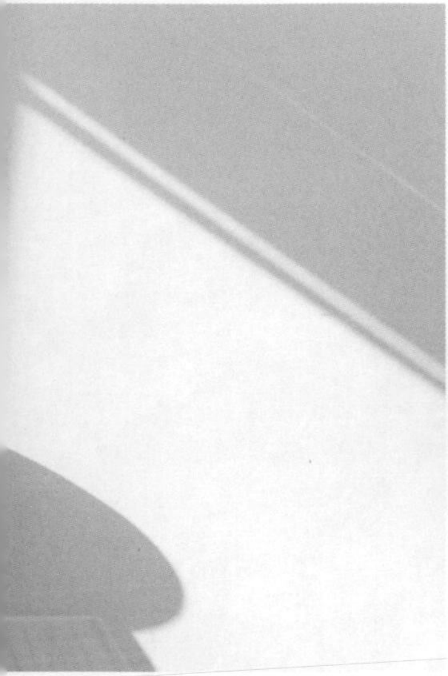

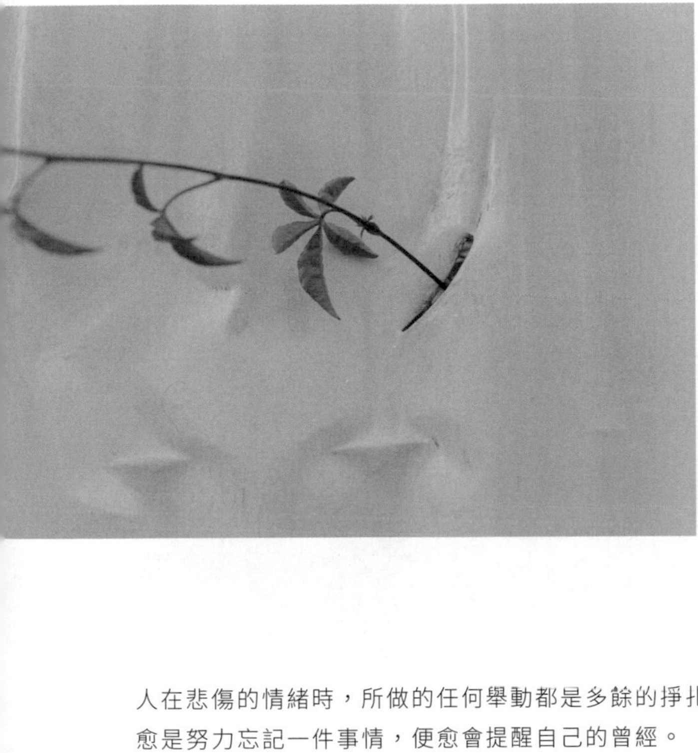

人在悲傷的情緒時，所做的任何舉動都是多餘的掙扎，
愈是努力忘記一件事情，便愈會提醒自己的曾經。

不如就正面迎接那些悲傷，坦誠地傷心欲絕一遍，
心才會真正好起來，這大概是放下一個人的唯一方法。

彼此的改變都只是為了變得更好，
而不是變得與對方的喜好更貼合。

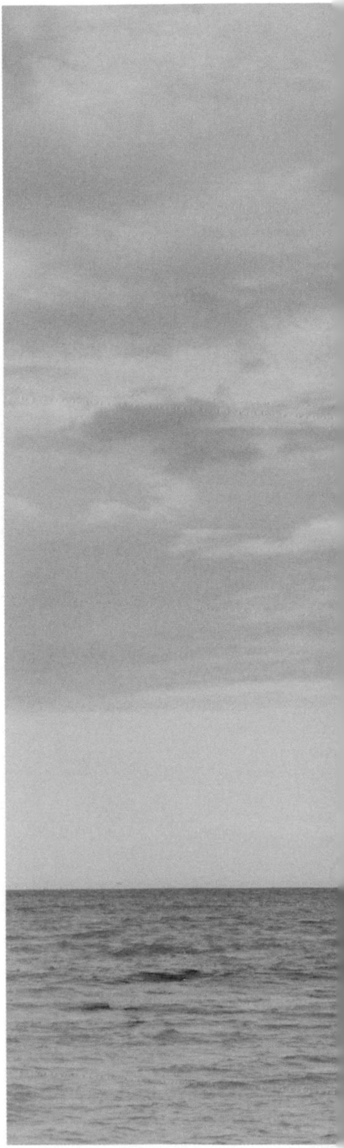

愛情，
是人生的其中一種顏色，
分量沒有我們想像的重，
但也絕對不輕，剛剛好，
而剩下來的空間等待著我們去補上其他顏色，
工作、友誼與興趣等。

- 為你點歌 -

〈Beautiful Love〉
蔡健雅

〈孤單北半球〉
歐得洋

〈好好〉
洪安妮

〈小團圓〉
王菀之

〈Someone over the Rainbow〉
許哲珮 feat. 莫子儀

〈我想念我自己〉
彭佳慧

〈Remember Me〉
Christina Perri

01.

每一天，都要比昨天的自己站在更高的地方

成熟的定義，不是今天的你把自己練習得多像別人，
而是你找到了自己，並在這樣的方式下悠然自得。

#成長

「不一定要前行才算勇敢，倘若你討厭放棄，那麼，你的放棄也是一種勇敢。」

「人克服自己心裡的恐懼去做決定，那才叫做勇敢。」我能深刻地記得那段訪談影片中，嘉賓所給出的這句話。

我們聽過太多熱血的故事，好似從小便充斥在我們生活之中，例如父母反對孩子的興趣，於是孩子付出極大的努力來證明自己還是能活得很好；又或是勇敢地對喜歡的人告白；挑戰一直不敢做的高空彈跳。這些也算是勇敢的範例。

只是當人漸漸長大，看待勇敢的角度又會變得不太一樣。在這個世界上，勇敢的定義是因人而異的，每個人的勇敢都不一樣。舉例來說，有人天生膽子大，毫不懼怕高空活動，那麼，高空彈跳對他來說，就像是輕鬆簡單的遊戲，如果把他冠上「勇敢」的稱號，想必有大多數的人不會認同的。我想「勇敢」的原意，應該是指我們克服了困難，跳出舒適圈去挑戰我們應該做，但沒有做到的事情。首先，自己的畏懼就是一個重點。可能，一剛開始會輸給自己的「認為」，像是「我應該做不來」、「我沒有那麼厲害」。可是，當你跨越過去，那就是勇敢了。

因此，若是有人心中的畏懼是「放棄」，那麼，當你選擇了放棄也是一種勇敢。這讓我想到一位友人，他做著一份已經十年的工作，熱情逐漸消失，工作不再具有成就感，也相對消耗自己生活上的氣力，難道往後的日子就是如此了嗎？他知道若是一直用藉口說服自己：「堅持比放棄輕鬆」，繼續待在這份工作，這樣的堅持雖然輕鬆，卻更像一種懦弱。為了要重燃熱情，他於是放棄經營許久的職業生涯，想要在新工作大展身手，我覺得這就是勇敢。

感情應該也是一樣，當你發現另一半已經對自己失去愛意，也開始處處迴避、冷淡，若我們當作沒看見，硬是要留下對方，這不是為愛勇敢，更像是一種自私。如果這時的你決心要放手，還給對方自由，即使你在這段感情裡採取退讓，我也認為這是勇敢。

是的，後退有時候比前行更困難；放棄有時候比堅持更困難，那都是學校不會教我們的事情。人不一定做任何事情都得堅持下去。之前有一位工作上的前輩很愛把這段話掛在嘴邊：「我們要聰明地做事，而不是像頭牛般埋頭只顧著做事。」這提醒我隨時都要抬頭看清楚自己有什麼選擇，並且釐清選擇背後所代表的意義。過分堅持就只是固執而已，當你覺得放棄比前行更需要勇氣，在經過深思熟慮後，發現雖然放棄是困難的，但或許可以成長許多，那為什麼不做呢？

別讓堅持成為自己不去成長的藉口，也無須在意其他人看待你退讓和放棄的目光，因為自己的人生，就只有自己能負責。

釋懷不是重新開始
而是我們能夠開朗地面對過去
再次拾起當初擱置了的東西
帶上這些歷練
用更好的姿態接著冒險下去

「我們都只是在眼前的選項中，選出更好的。」

「我不知道自己的目標是什麼，感覺花了很長時間，仍是找不到自己喜歡些什麼，更別說是夢想了。」上班時，一位同事來跟我閒談，她如此說道。

事實上，這個問題是自我開創臉書分享創作後，有很多網友私訊尋求協助的問題，但，這也是我最苦惱該如何回答的問題，因為我自認是個非常有目標的人。

中學二年級時，我就認定大學要進觀光科系，因此，整個中學的時光都是為了理想學校而努力；順利進入後，卻發現音樂創作意外有趣，於是一頭栽進了音樂的世界；出社會後，也是朝著製作音樂而邁進，這一路上從未有一絲疑惑。

還記得自己當初晉級到社區歌唱比賽決賽時，第一次站在舞台上賣力投入表演的感覺，耳鳴、心跳加快，骨子裡的熱血沸騰著，那一刻便更加確定自己要為什麼而活，自己的使命又是什麼。是的，對於我來說，說使命一點也不誇張。除此之外，喜歡上寫作、健身又是另外的故事了。世界上有太多有趣的事情等著被發掘，所以當初的我無法理解竟然有人連自己喜歡什麼，又或是想要得到什麼都不知道，甚至有些泰迪（我稱呼粉絲的方式）會在私訊上說，他們在生活中找不到任何有意義的事。

直到有一次，跟我姊聊FaceTime時，再度提到這個話題。說起我姊的故事，也是超級夢幻，她是個上進的女孩，大學金融科系畢業後工作了三年，存了一筆錢去當背包客窮遊世界，走遍了歐洲，亞洲北部和非洲。沒想到，在途中考上了法國學校讀研究生，目前在盧森堡的一間大型跨國企業當工程師。回到那天的聊天內容，我煩惱自己沒有能力回覆「沒有夢想」這件事情。我姊聽完後，說了一個很有趣的概念，她說：「我並不覺得人一定要有一個夢想，我認識了一些很有方向與行動力、在全世界最好的公司上班、職稱顯赫的朋友們，卻仍為了內心空虛所苦。那樣的他們，令我疼惜，不滿自己工作的人，可以換一份工作，可他們都站到世界的頂端了，還是覺得空虛，那他們該怎麼辦呢？」

她繼續說道：「你覺得我一開始就喜歡當工程師嗎？不是，甚至到了現在我也不認為自己是喜歡寫程式的，那只是一份工作罷了。可比起剛畢業時做的辦公室職員工作，無論是從公司規模、工作地點、或是薪水的角度去想，一般人應該都會跟我一樣，選擇現在的工程師工作，因為那樣看起來是個最好的選擇。我認為『夢想』是太閒的人才會想的事情，倘若你窮得連飯都吃不飽了，那你的目標就是如何賺錢求溫飽，這樣一來也釐清下一步該怎麼做。相反地，一些抱有遠大理想的人，想得太多也不一定有這樣的機會得以實踐，就像是你很想當歌手，但不論怎麼努力也無法沾上邊，然後一直挫敗，又該怎麼辦呢？所以我覺得，人生的意義不單單是你想做什麼，而是讓自己當下做出更好的選擇。」

於是，我把這番對話原封不動地分享給同事，並補充自己的體悟：「人們總是習慣問自己想要得到什麼，卻不曾問自己擁有什麼選擇與擅長什麼。我們的想像永遠只是基於所看過的事物——但，那是別人的人生。」

人不一定要擁有「夢想」才幸福，如果「夢想」成為了負擔，那我們可以單純找出自己所擅長的事，進而思考面臨人生選擇時，哪一條道路比較適合自己，找到比較幸福的旅程。

隨時都要放寬心
去面對即將要發生的事情，
人長大了，便會知道要在最壞的情況裡，
仍然嘗試找出最好的選擇。
只要你對生活還抱有一絲熱情和期待，
都應該要這麼做。

「才華不一定能讓人得到幸福，但堅持可以。」

我有一位同事，他是我讀大學時，參加校內音樂學會而認識的。畢業後，我與他先後進入現在這家公司工作。這位同事，不，應該更像是朋友吧。他在我眼裡，是個凡事認真以對的人，對生活有熱誠，也很有才華，在大學時期，總會看到他熱衷參與課外活動來發掘自己的興趣。在工作上，他是個很有擔當的人，相較於其他同樣職位、同等薪水的人來說，他總是比任何人都要投入其中。與他合作過幾個專案，他會將事情處理得井然有序，更重要的是，個性十分謙卑，親切和善，行動力強但做事不會太過鋒利，所以大家都很喜歡他。還記得，有幾次緊急事件求助於他，他也樂於協助，還會費盡心力幫你完成。假如這樣溫暖的人遇到挫折，所有的人都會替他心疼吧？

恰巧公司釋出一次升職的職缺，內部升職制度是需要面試的，透過一輪面試才會選出最合適的人。而這樣的競爭模式下，難免會討論誰是熱門人選，當然這位人見人愛的朋友也是候選人之一。他的工作態度、人品，讓我跟其他同事都想助他一臂之力，所以大家都很用心幫他準備升職的面試。在這段過程中，他還不時感謝大家的幫忙，他的溫暖讓我們想要好好呵護，我們也彷彿是參加升職面試一樣，一起對成績感到非常緊張。

可惜的是，如同「付出不等於收穫」這句箴言，我的朋友並沒有成功升職，而是另一位同事獲選。這位成功升職的同事，短短三個月的時間便做出了出眾的成績，論工作實在是很有績效。雖然結果不盡人意，卻也很合理，出社會看的不是老師給的成績單，並沒有苦勞的同情分數，公司選的是適合這個職位的人，能夠用最小資源、時間做出最大的貢獻，這才是公司想要的。

朋友得知自己落選的消息，難掩心中的失落，明明帶著眾人的期許，但沒想到落空了。他覺得自己辜負了大家，而我們這些同事不知道該怎麼安慰，只是配合著沒有多說些什麼，不想增加他內心的負擔。隔天，一切回復原狀，我的這位朋友依舊投入手邊的工作，為各個專案奔波，彷彿什麼事情都沒有發生過一樣。

這讓我想到一句話：「成功的路並不擁擠，因為堅持的人很少。」回想一下，自己持續創作也是如此道理，過去參加比賽的成績有高有低，但能繼續參加比賽才是關鍵。

在某些時刻，看著對方簡簡單單就獲得自己夢寐以求的東西，實在令人氣餒。可熬過來以後，再看看當初一起奮鬥、甚至走在自己前面的人，都已經捨棄並改變了航道。這讓我想到追蹤一位遊戲實況主已經八年了，雖然他不是什麼網路紅人，也不是什麼大咖，但他卻默默做這麼久，應該就是靠他對於遊戲的巨大熱情，才能支撐著他這麼久。對於直到今日仍持續下去的人而言，過去的失敗並不會掩蓋想奮力一搏的光芒。

想達成夢想，一切都需要持之以恆，那麼一開始的付出才有意義，重點是，要能在一次又一次的挫折後再站起來。雖然才華不一定能讓人得到幸福，但堅持可以。我很確定的是，我的這位朋友也一定可以。

「當你還沒有辦法跨出去時，無須自責，你只是缺少一個契機。」

我自認為是一個有心且對生活保有熱情的人，於是常不斷地反省自己正在做的事情，到底值不值得。但，人並不是無時無刻都能這麼勇敢，更多時候，我們都知道自己其實不快樂，卻無法鼓起足夠的勇氣做些改變，但也可能是缺少了一個「契機」。

不知道大家有沒有過類似的經驗。

像是我從初中就開始想要學彈吉他，但因為還沒有「心」，跟過幾個老師，卻也怎麼都學不會。直到高中要畢業時，參加了校內的年度才藝表演活動，那時候幫我伴奏的吉他手在活動完畢後，把吉他暫時寄放在我家，而我無聊時便拿起來把玩一下，跟著網上的和弦表來刷。還記得第一首的彈唱練習曲是蔡健雅的〈Beautiful Love〉，那真是一首好歌，而因為這樣的契機，刷一刷，便刷到了今天。

還有跑健身房這件事，早在我中學的時候便已經在想，直到出社會工作後跟著有健身習慣的同事加入了健身房。但是，付了半年健身房的會費，卻只去了一天。後來是因為失戀，又剛好被另一群同事再勸我一起去健身房，就這樣健身到現在，也過了半年。

有時候，人生就是這個樣子，勇氣並不是說有就有，像是寫這篇文章之前，我雖然想跟大家說我很喜歡目前的工作，即使是與創作不相關的工作也樂在其中，但我寫不出來，我還是希望能誠實擁抱真心喜歡的事情，讓它能充斥著自己的生活。

「我們未來的三十年都要像今天一樣過嗎？」上個禮拜同事跟我說了這樣的話。正是因為最近的工作量大，才會令人這麼想。也許，每個人在生活的某些時刻都需要一些契機來讓自己昇華到下一個階段，有些已經出現，有些卻還沒有。

但是請不要心急，沒有辦法跨出去，也不需要太自責，一切或許就只是還不到時間而已。

有多少人，把初衷記在心裡，
卻早已沒有了行動的勇氣。
換一份工作，去一次長途旅行，
學習一個興趣，表明一次心意。
這些別人今天就完成的事，而你卻花一輩子在準備？

「即使努力改變自己，也與『好與不好』無關。」

「你覺得現在的自己過得不好嗎？」我跟朋友討論著前任看起來過得很好的話題，然後朋友這麼問我。

「不好。」只不過，這個回答我並沒有說出口，因為擔心身邊愛我的人會因此而操心。

距離上一段感情的結束，到現在已經快三年了，分開的時候我承諾自己一定要過得比之前更好，為此我拚命工作，下班之後，除了創作以外，還跑去學鋼琴和勤上健身房，不能否認的是，我想要透過塞滿多餘的時間，讓自己忙碌到不需要在深夜的浪潮裡感傷。你知道的，年紀漸長，煩心的事便會愈來愈多，隨著回憶的積累，很容易會在稍有空間，鬆懈之際，喚醒一些有的沒的過去。

單身這幾年，在事業上有些突破，勤奮的收穫就是得到工作上的升遷，在創作上也接了不少的合作與演講，應該可以為自己感到開心，卻仍不敢有半點鬆懈。不時會聽到同事們的勸告，總覺得我太過拚命，這樣的我看起來有點辛苦。

這些成果本該是值得開心的事，只是不知道為什麼，一個人時，還是覺得不夠好，即便已經付出了很多的努力，但，好像還是缺了一角，怎麼也補不回來。從前，像是升遷，這種既私密又開心的事，回到家只想跟前任大肆分享；現在，卻只能放在心裡自說自話，沒人能聽得懂。縱然遇見條件更好的對象，對方也始終不夠了解我。

或許是愈渴望自己變得更好，保護自己的意識就愈加強烈，在心之外建造起巨大的城牆。只是當城牆愈堅固，心便愈難被觸及。而且，只要遇到半點挫折，就很快退後，將城門封閉起來，在往後的感情裡漸漸容不下絲毫缺陷。

要再像從前一樣勇敢、無所畏懼，那是不可能的事了。現在的我不如以前魯莽，卻用努力生活來掩飾我的不敢往前，儘管我的人變得不一樣了，但心還是停留在剛剛結束的時候，過得不好。

也許過得好，並不是要我們拚命去改變，對當初的自己避而不談、敬而遠之，只是要我們打開封閉的城門，去觸碰、重新拾起那個其實是被遺棄在城牆裡的自己，再學著用赤裸的心，去與未來會遇見的人聯繫。

「刻意忘記會更受傷，不如認真感受傷痛，帶著釋懷的心拾起過去繼續前行。」

在瀏覽朋友的動態時，發現好友的帳號頭貼竟然換成了純黑色的，多麼直接的負面情緒，一點進去，發現他把過去的照片都刪了，只發了最新的訊息。明明昨天他才對我說：「我已經沒事了。」而這樣的舉動根本不是「沒事」。這就像是人會因為失戀而換一種形象，像是女孩剪掉了長髮、變換髮色。當心受傷到極致，需要漫長的時間復原，如同頭髮留長一樣，慢慢地回到原來的自己。

失戀了，要放下那個人實在不容易，只要有任何「偏方」都會想要試試看。至於真的有用嗎？只能看個人了。

「如何才能放下一個人呢？」我想所有失戀過的人，都曾有過這樣的疑問，這也是我最常收到讀者的感情提問，無論我回答了多少次：「沒有什麼捷徑」，還是會收到相似的提問。

我認為人在悲傷的情緒時，所做的任何舉動都是多餘的掙扎，愈是努力忘記一件事情，便愈會提醒自己的曾經。不如就正面迎接那些悲傷，坦誠地傷心欲絕一遍，心才會真正好起來，這大概是放下一個人的唯一方法，真的沒有捷徑。

當我們坦然度過了這段悲傷時期後，釋懷也會變得輕鬆，便能夠再次無所謂地談起這段過去，不再逃避，不再覺得需要刻意忘記，而是能平靜的面對，並且拾起這些回憶，知道之前的煎熬讓我們後來成為了更好的人，攜帶這些經歷去做出更成熟的決定，往幸福的路前進。

親愛的，那些回憶不需要被忘記，特別是那些刻骨銘心的，更不可能捨棄。看似想要放下的，從來都不是用忘記來執行，而是另一種拾起。帶著祝福未來自己的心情，雖然很難做到，也要努力試試看才行。

成長是你要學會，
不用每一種感受都跟所有人分享，
因為你不知道在你快樂的背後，
會不會傷害到別人。

Beautiful
days
with you

「當事情不具意義時，堅持下去是最大的浪費。」

前陣子跟一位朋友吃飯，因為太餓不小心點了太多餐點，我吃完一人份的食物就飽了，便放下碗筷成為發言擔當，而這位朋友一邊聽我說、一邊默默地用餐。直到餐桌上剩下三大片煎餅時，他終於說出：「我好飽喔！」卻不打算放下筷子。「飽就不要強迫自己吃啊。」我說。「可是這樣很浪費。」朋友理所當然地說出了這句話。

為了不讓朋友這麼辛苦，我還是勉強吃了一片煎餅，最後，我們完成了這項「創舉」，盤子清空了，兩人也都吃撐了。可我心底清楚，如果今天只有我一個人，我一定不會強迫自己吃完所有食物。這種價值觀的差異，要說回小時候爸爸教我的一件事情。記得那時候也是同樣的畫面，桌上還有許多食物，坐在對面的爸爸卻老早就放下碗筷。我因為學校老師總是教導我們，每一粒米飯都是農民的汗水，不能浪費，所以一邊抱怨很飽，一邊卻還是繼續吃，想盡力吃完面前的飯菜。只是爸爸卻說：「吃飯是為了吃飽的，當你覺得飽了，那就好了，別花錢受罪。」

當然，爸爸不是要我浪費食物的意思，他希望我想清楚吃飯背後的意義。雖然沒吃完是浪費食物，但如果吃的人不覺得快樂，甚至覺得難受，其實也是一種浪費。不是把食物吃光，就是最好。

爸爸的這句話，讓往後的我在做事時會替自己多想一步，釐清背後的意義，而非盲目去做。例如在感情方面，我曾經收過讀者私訊分享她與先生結婚超過了十五年，最近卻發現丈夫已經外遇一段時間，讀者捨不得結束這段十五年的感情。是的，經歷這樣的事情，誰都會感到悲傷與可惜，只是回想感情的初衷，是兩個人因彼此相愛而走在一起生活，當其中一人不愛了，這段感情早已失去了持續下去的根本意義。如果說結束一段經時已久的感情是種浪費，我會說，因為執著光陰不復返的過去，而堅持一段沒有意義的感情，才是真的浪費。

想清楚每個決定背後的初衷，並在途中不時反覆檢視箇中意義，確保在堅持每一件事情的時候，是勇敢而不魯莽。堅持從來都是難能可貴的能力，也正因為如此，才不能讓你的堅持成為一種浪費。

「既然時間無法倒退，那麼，就在未來的日子裡創造新的感動。」

你可曾希望時間能停在某個令你無比感動的輝煌時刻？又或是想起過去的美好，討厭現在的自己每況愈下，多想要回到從前？那些希望歸希望，我在很久以前就意識到，一段關係是不可能一輩子保持原樣的。

時間推著我們前進、成長，改變了你，也改變了我，全世界都在不斷往前。殘酷的是，當初同行的夥伴，不一定能成為一輩子的羈絆，這可是司空見慣。

「如果你認為，兩個人僅是因為成長了，就會分開，那我想這世界上就沒有永恆的愛了。」聽到我的看法，一旁的朋友如此回應。「如果，在感情中再也感覺不到快樂，為什麼還要勉強彼此在一起呢？如果配合彼此的步伐成為一種負擔，為什麼就不能一個人走呢？」我反問，換來對方的沉默。

成長就是逐漸認清現實的過程，關掉罩在眼前的幻想濾鏡之後，才能發現路途的終點不是自己要的。也正因為如此，愛情才會如此殘酷，在並肩同行了很久之後的某一天，發現彼此不是攜手向前的理想對象，也認清道路的終點不是心之所向，這般苦澀的事實令人難以下嚥。所以，才有很多人選擇一味地逃避、忍讓，裝作什麼都不知道。但事實是，再怎麼逃避都無法擺脫分開的結局，而耽誤多久，就是痛苦多久，這時，當機立斷改變方向才是更好的選擇。

雖然一段關係的確有可能因為我們的成長和改變而結束，但這不代表真愛就不存在，相反地，我覺得這份愛會隨著兩人茁壯而出現變化，才證實了愛不是只求表面的和諧，彼此忍讓。如果一開始的契合，就代表永遠都要綁在一起，反而會讓愛成為委曲求全的事，而大家口中「永恆的愛」也只會淪為粉飾太平。

我一直都嚮往真愛，至今仍沒有改變過自己的想法。我想，這世上依然有很多人都和我一樣相信真愛存在，不然，我們又怎麼會在愛情裡分分合合，受傷後還願意站起來，又勇於拒絕追求者，持續等待最好的人出現呢？我姊說過一句話，而我到現在還是時時以此警惕自己，她說：「想像你們要一起度過十年，如果你能看見未來有彼此一起的風景，那就能繼續走下去。」

我想，這就是真愛，即使感嘆美好只存在於過去，還是願意為了彼此，勇敢地一起驗證這段關係。掀起未來的面紗，若等著彼此的不是幸福，就真誠道別；若看見了幸福的可能，便攜手在接下來的日子裡，一起創造更多留待未來回味的里程碑。

很多事情並不是真的難，
其實只要用一句話的力氣，
就能解決很多煩惱。
最難的在於，都是因為你不敢。

Beautiful
days
with you

「得不到的，總是先以恨相待。」

成人的愛情很多時候充滿無奈，難怪總有人會跳出來說：「愛情裡沒有對錯」。殘酷的是，壞人或許會因為他的壞心而得到幸福，也沒有遭到報應；但公平的是，每個人都曾經是別人心裡面的壞人。

「我覺得他在玩弄我的感情。」我在健身房與友人們抱怨著最近交往的對象，跟對方一起外出了三次卻仍然沒什麼進展，感覺有點冷淡，也就大膽問了對方是否也有想要發展，沒想到，對方只說還想要再相處一下，不想太快交往。

「有就有，沒有就沒有，然後還一直對我更新自己在做什麼、跟誰出去，難不成他就只是玩玩吧？！」說出這句話時，我的理智早已斷線。

「你現在是得不到，就開始憎恨了吧？」其中一位友人說，另外一位則沉默不語，不難察覺那就是認同的意思。

我撇了撇嘴，表現出我知道卻又不甘心的樣子，然後停止了這場胡鬧。事實上，這已經不是第一次，我只要太在乎一個人，就會讓腦袋不停地轉，轉一轉便很容易轉到一個死胡同裡，覺得反正想破腦袋也不會得到一個答案，不如就轉向憎恨好讓自己能夠脫離對方，不然實在太煎熬了。

「勉強得不到幸福」這句話誰都懂，但要實際做到還保持並且灑脫總是不容易。

或許我的天性就是如此？就像是小嬰兒正在玩的玩具被拿走了，便會生氣摔東西並且崩潰大哭。也許是我害怕受傷害，害怕付出了卻不被對方珍惜，害怕自己顯得太狼狽，所以，得不到的，總是先以恨相待。

但，憎恨往往只是一個階段，當人能夠慢慢從「在乎」抽離，成為一個旁觀者後，憎恨便會化成體諒，一切又回到正軌。

「即使看見彼此的不完美也不會離開，就可以跳出完美的探戈。」

有一天，在休息室聽到女同事閒聊：「你知道『It takes two to tango』的意思嗎？」另一人搖搖頭，她便繼續說：「這是我近期最愛的英文用語，代表著『兩個人才跳得成探戈』，也是一個巴掌拍不響的意思。」其實，她是想分享工作上的團隊合作很重要。

我覺得並不只是工作，所有與人有互動的事情，都非常需要彼此的投入。像是合唱一首歌，即使其中一方表現得多厲害多棒，只要另一方表現得很爛，就整體來說，仍是一起糟。但是，厲害與爛從來都不是重點，有心想要配合才是。

回顧自己的單身生活，也曾在某個工作後孤獨回家的夜晚，感嘆著希望有一個人能陪自己說說上班所發生的趣事，又或是傾訴難以對外人所說的委屈。是遇不到對象嗎？也不是，而是要遇到一個「合適」的人實在太不容易。當然「合適」不是指「完美」，「完美」的伴侶並不存在，那是需要磨合出來的。我們在等的，是一個互相都有心為對方學習，讓自己變得更好，也願意給出空間看著對方成長的人。

突然想起跟我一起的兩位音樂夥伴，從大學便開始合作，至今已經是第五個年頭了。當初的青澀模樣還能在YouTube搜尋到，第一次上大型比賽舞台的黑歷史，每看一次就會起雞皮疙瘩一次。我們算是「完美組合」嗎？當然不是，但我會說我們是最合適的組合。因為我們都願意為對方打開心扉，看見對方的不完美卻從來沒有離開，直到有個評審老師說我們是互補的，我才發覺正是如此。

我很欣賞其中一位隊友說過的話：「只要我們其中一個人好，就等於我們三個都好。」

那是在某一次的宣傳，主持人詢問我們除了做音樂之外，是否還有各自的發展，要怎麼同時兼顧音樂創作呢？像是我寫作，有人做司儀，有人做音樂教師，於是我的隊友給出了這樣的回答。我便意識到，其實只要一段關係裡，我們都還有一顆想要磨合的心，那麼其中一個人的付出便會是兩個人的收穫。

回歸到感情裡，你可曾跟我一樣費盡了心力去付出，想要彌補對方的漫不經心，卻把自己狠狠地摔了一跤的滋味？那是因為一個人跳不起探戈舞。

It takes two to tango.

「一段感情能走得長久是個期許，但不是真正的意義。」

「你不覺得情侶都會有失去新鮮感的時候嗎？一旦不喜歡就分開，難道每對情侶遲早都會走向分離？我認為彼此之間應該試著要做一些事情，在即將麻木的日子裡，再次觸動兩人對彼此心動的感覺。」訪問我的主持人在私下聊天時，對我說了這樣的話。

「那，是什麼支撐著你主動撩起彼此的心動呢？不正因為是喜歡嗎？我相信每對情侶都有麻木的時候，只要還存有喜歡的感覺，這段感情還是可以走下去。兩人的關係並非只有單一的相處模式，也沒有可遵循的公式。兩人的喜歡會形塑出各自不同的感情關係。」

已經不是第一次有人對我說過，感情是需要兩個人共同付出，努力花心思增加關係裡的新鮮感。是的，我也是這麼認為。可是，我認為感情遠遠不止於付出而已，同時也要看兩人一路以來的改變，是不是還能讓彼此都看得見未來。

「所以依你所說，人會因為從前喜歡紅色，今天突然喜歡藍色，就不再喜歡紅色了嗎？」

我並沒有否認這樣的說法，但也表明自己不忍心為這個過分殘酷的想法給出一個答案，只是我認為情感是容易流動的，一段關係的開始與結束，也很難說得準確。我相信人是善變的，會因為身處的環境、面對的人，一點點的觸發就會不可收拾。因此，要兩個容易變動的人維持一段不變的關係，並不容易。一段感情，不會因為你從喜歡紅色到突然喜歡藍色，就不再喜歡紅色，你不會討厭紅色，只是喜歡的程度漸漸少了。就像兩人走在同一條路上，卻因為彼此的性格開始無法同步，開始錯落，開始面向別的方向，直到遠離原本的軌道，才知道我們已經無法在一起。有些人會無法接受感情怎麼會結束得那麼突然，也許早就有跡象，只是我們太慢察覺而已。

既然感情充滿了太多的不確定性，因此，能夠繼續維持才會有它的意義，並不是單純付出就能夠一輩子恩愛在一起，要是這麼簡單，世界上就不會那麼多令人無奈的心碎故事了。

我認為感情十分脆弱可破，不如就好好感受這段交往的過程。很少會有能走一輩子的愛情，至少要確保在這段過程中，我們都能夠沒有遺憾、沒有保留地去愛對方，在僅有的時間裡扶持彼此成長，要是結束了，便好好面對，不再追究對與錯。

每個人都希望能找到一個一輩子能保持新鮮感、並且真誠地愛著彼此的伴侶，像王子和公主最終都能如故事完結一樣有個快樂人生，只是更重要的是，我們應該要好好地用心經營。我依然會抱持著希望能走得永久的心態，但要過得幸福，包含那些快樂與悲傷，或許，才是我們談感情的重要意義啊。

如果暫時做不好，
那就逃避一下做別的事情，
說不定，再次回來時，
伴隨著新的狀態，又可以做得更好了。

Beautiful
days
with you

「當有了目標，心便不會再動搖。」

剛經營泰先生專頁的時候，我非常沒有自信，極度缺乏安全感。縱然不時會收到一些貼心的朋友私訊表達鼓勵和支持，但總覺得自己並不值得這些溫暖，我的分享只不過是將日常的思考轉化成文字罷了，這些可有可無的貼文能有什麼價值？

過去，我曾覺得在社群平台上散布負能量的人很不智，他們在網路上的存在只會影響他人的情緒，但開設粉專後，這些沒自信和不安全感，讓我走上相同的道路。就像這些只求鎂光燈關注的人一樣，我開始發文討拍，追尋更多人的認同和鼓勵，讓自己安心。每次在獲得一時滿足後，我總是十分懊惱，理智告訴自己不該這麼做，但感性上卻又需要這些留言來暫時填補自己內心不安的缺口。

從開始經營到現在的五、六年期間，讀者們賦予了泰先生的文字「溫暖」、「現實」、「赤裸」這些形容。我記得有一位朋友在私訊裡說我的文章「總是用溫柔的方式簡短直接地點破事實。」其實，創作就是一種最能呈現內心的工具，我認為「溫暖」、「現實」、「赤裸」確實是我的樣貌，但這三個詞用來形容人，卻不一定是正面的。

對我來說，即使不能把人生的每一件事都做得盡善盡美，重要的是在面對各種挫折時都不能被打敗，出於這樣的信念，我總是鼓勵身邊受傷的人再次站起來，這是「溫暖」的體現；世界太殘酷，我不願美化苦澀的事實，反而直接點出核心，我認為人要了解根本，才能對症下藥，真正放下錯誤的執著，而非一味逃避，這是我「現實」的一面；人與人之的關係建立於坦誠，所以我總是提醒自己要展現出真實的面貌，「赤裸」代表我的真誠。

但是，過去的我，人生歷練不足、不夠成熟，以致無法承擔赤裸的結果，便使溫暖與現實成為弱點。活躍在網路平台上，受到無數眼睛的檢視，只要一受到質疑，我便會感到失落、無力，而這種動搖也影響了我的溫柔，使我一時溫順、一時銳利。這樣的脆弱，讓我一度徬徨失措，忘記了在網路上分享文字的初心。最終，過去我幫助的那些讀者，反而成為了燈塔，讓我不再迷途。

幾年前第一次舉辦分享會時，我看著台下一張張從未見過的新面孔，向我報上一串又一串英文加數字的帳號組合，心裡卻感到一股溫暖的熟識感。這是我第一次看見那些平常在社群媒體上互動的人們，卻又覺得彷彿所有人都是相識已久的老友。

我印象深刻，有位朋友在活動後問我：「泰先生，我可以抱你一下嗎？」說完，便給了我一個很大、很用力的擁抱。雖然不知道她經歷過什麼，但這一個擁抱，比過去任何鼓勵、評論的分量都還要重。我突然意識到，自己一路走來是如何影響這些人，正在經歷著各自人生的讀者，與我筆下的文字共鳴，我用這樣的方式陪伴他們，建立聯繫。即使不知道彼此的名字，不用時刻分享每天的一舉一動，也可以感受到彼此有同樣的快樂和悲傷。這些透過文字建立的感情讓人安心，不會輕易消失，在往後的時間裡，無論我選擇走向何方，這些人一直都是我的支持和陪伴。

正因為有那場活動和這些面孔，讓我能開始強大並堅定自己，明白自己的付出不是為了追求更多喜愛。我的努力，是想要給予那些愛我的人和我愛的人一個更穩重的肩膀，當他們需要的時候，成為有力的依靠。有了這些支持，我才意識到過去的不安全感與不穩定，全是因為我的「赤裸」找不到立足點，那時的我，不知道自己為了什麼而「溫暖」，又是為了什麼而「現實」。

在這之後，我持續讓自己在各方面成長，更坦率做自己、學習愛自己，用這樣的方式變得更有自信。一切都是因為我知道必須成為讀者們的榜樣，告訴他們，即使跟我有同樣的悲傷，還是可以感到幸福和自由，就像我一樣。有了跟讀者之間的情誼，我能夠放鬆且專注地做自己，不再漫無目的地為了「有多少人愛我」而執迷、患得患失。現在，我可以更認真地向我愛的人分享溫暖，也同時被愛我的人溫暖著，給予彼此不變的陪伴。如同這本書誕生的其中一個緣由，便是想牽起大家的手，直面這世界的殘酷，學著以溫柔擁抱悲傷，勇敢追求幸福。

「若想並肩走得更遠，就要學著面對，跨越沿路的坎坷。」

記得有段時間，各大新聞媒體都在報導「喜歡」和「不喜歡」這件事，大意是指，現在網路上的影片或文章都有「喜歡」和「不喜歡」的按鈕可以讓大家表達意見，但這些數據卻會影響創作者的身心發展。「不喜歡」代表要在公眾面前接受批評，我相信不會有人喜歡當著其他人的面前被指教；而「喜歡」則容易讓創作者們有得失心，導致創作時被大眾的喜好左右。現代很多創作者都表示過，在這樣高壓的環境下生活，自己的心理健康已經出了狀況。最近，各大社群媒體也為此採取了行動，像是YouTube隱藏了「不喜歡」的數字，Instagram則允許使用者隱藏「喜歡」的數字。

作為Instagram的使用者，我深深體會到這些數字會如何影響創作者的意志，只是，隱藏數字的功能推出後，我卻不打算使用。不是因為我覺得自己的抗壓能力比別人好，也不是因為我夠成熟，能夠不痛不癢地看待這些數字，我只是覺得，如果能學會平常心面對這些數字，會是更好的選擇。因為我心裡清楚，就算可以隱藏「喜歡」和「不喜歡」的數字，但心意卻不能被隱藏。

這讓我回想起一件事，剛與前任在一起時，兩個人都懵懵懂懂，個性天南地北的我們生硬地湊到了一起，雖然欣賞彼此的一些部分，但還是發覺對方與自己的期望有落差。那時候的我跟朋友往來密切，喜歡一起嘻嘻哈哈的溫馨感覺，每個月和朋友們的聚會對我來說不可或缺。而前任是個控制慾強的人，認為兩個人在一起，就應該把最多的時間留給彼此，無法理解我為什麼談了戀愛，卻還要定期與朋友碰面。

那時候，我甚至能感受到他討厭我的所有朋友，卻總是避而不談。只要我又跟朋友出遊，他就完全失聯，不回覆訊息，下次見面，又像是從來沒有這件事一樣。雖然他什麼都沒說，但彼此都心知肚明，這成了我們之間第一次大吵的導火線。後來，在多番嘗試、互相包容下，或許是因為我們真的很重視彼此，也或許是因為他漸漸意識到即使我有自己的社交圈，也不會影響關係，他開始接受了我需要定期和朋友小聚這件事，也開始能主動談及我的朋友，甚至還能跟我的朋友一起吃飯、談天。

自從他釋懷以後，我們幾乎沒有再爭吵過，我可以感覺得出來，他跨過了那個曾經的坎。這不是逃避，而是因為他真的放下了，不會因為我的日常社交而影響到心情，甚至可以說出「去吧！愛你喔！」這種肉麻的話。

逃避也許可以讓我們躲開一些短暫且不必面對的事情，但對於一切我們所深愛的人事物，我們總是期盼明天的到來，希望最深愛的，都能陪伴我們走更遠的路。那些過不去的坎並不會無故消失，反而會成為我們想要共度一輩子的阻礙。面對前任和我的未來，他曾勇敢的跨過了心裡的坎，沒有讓逃避發酵，那是當初的他愛我的證明。而今天面對我與創作的未來，我知道自己也必須要跨過社群媒體數字的這個坎，還有未來在途中會遇到的其他障礙，學著去擁抱這些恐懼，才能繼續在創作中成長，好讓我能把心裡的感動絲毫不誤地傳遞到大家心裡。

經營社群媒體跟談戀愛，無法相提並論，但其中的道理是共通的。這總是讓我想到學腳踏車，若是因為受傷而不敢嘗試，那大概一輩子都不可能騎上路。若是因為曾經受過的傷而再也不分享文字，我想，現在的我也不可能坐在這裡，寫下即將誕生的新書了吧。

「願因你的溫柔而流出的眼淚，築起了一道階梯，引領你去最美好的地方。」

有天接到一通來電，「哎，你有XXX的家人聯絡方式嗎？因為XXX的男友打給我，說她今天沒有到公司，不知道是不是遇上了什麼事情……」於是，我也趕緊幫忙詢問，忙了一整個早上，才發現原來她就只是睡過頭而已。

幸好，只是睡過頭沒有聯繫上，並不是每次都能夠這麼幸運，因為我知道失去重要的人到底有多不好受。

青春中最讓人無奈的莫過於生離死別，我也聽過不少失去的故事，但往往都要等活生生地擺在眼前，才會更確切地體會這些感受。

故事發生在去年，上班途中突然接到一通朋友的電話。「喂？占占的Instagram，你看了嗎？」對方的語氣有點沉重，幾乎可以意識到自己的回話是不能夠開玩笑的。掛掉電話後，我迅速找到占占的Instagram，最新的貼文是他爸爸代筆寫的，內容是占占很安詳地離開了人世，再也不用受任何病痛折磨。簡短的文字帶著不真實感，那時好希望這一切不是真的。

占占從未透露自己生病了，還記得上一次的相見，僅是半年前的事，與他吃了一頓飯，用餐時還有說有笑的，各自分享自己畢業後經歷了什麼，還有未來的方向。然後再看到這一篇貼文時，他卻已經消失在這個世界上。

占占是我大學音樂學會的學長，他的口頭禪永遠都是——「開心就好」，是我心目中的「暖男」典範，無論是在待人處事、活動討論，還是他的溫柔嗓音，都帶著舒服的暖意。我們因共同參與一齣大學音樂劇而熱絡起來，他是男二角色，當時賦予這個角色的主題曲是「孤單北半球」，非常適合他的歌聲。這首歌也成為了他在朋友之中的一大記憶點，每次聚會的時候談起過去，總會談到這齣音樂劇和這首歌。也因為他的「暖」，吸引了很多人想跟他親近，因此他的好友不僅是校內，也遍及校外呢。

在占占離開人世後的一個禮拜，占占的朋友們都無法置信。在那段時間，我的社群媒體上盡是大家對他的哀悼文，又或是放上與占占的合照，彷彿他還在我們身旁那樣。前往占占的喪禮，那是我第一次出席自己朋友的喪禮，我苦惱著是否有什麼必須做到的禮節，才發現光是走進那樣的氛圍，就讓你無法再想其他的事情。

環顧四周，原來這些都是他的親朋好友嗎？有些人熟悉，有些人並不認識，但我們坐在一起，想念著他，共同回憶起各自擁有的過去，再一同掉淚。坐在朋友席最前面一排，是占占的至親好友，拿著紙巾不停拭乾淚水且不發一語；占占的母親情緒十分不穩定，每隔幾分鐘便會泣不成聲，反覆很多遍，應該是想到了過去的回憶吧；而占爸則是強忍住悲傷，安慰著哭了好多遍的占媽，並且對出席者致謝和鞠躬。

這就是所謂的失去嗎？他曾經給予我們的溫柔值多少淚水呢？有沒有一個魚缸這麼多？抑或是一座操場這麼多？這些淚水的背後，又包含了多少思念？又藏了多少回憶？我們的難過，對一個已經離去的人到底存在著什麼意義？我並不知道，如果可以，我只希望這些眼淚能夠傳到占占那裡，讓他知道，有這麼多的人愛著他。

希望因他的溫柔而留下的這些淚，能種下我們對他的愛，築起一道又一道的階梯，引領他到最美好的地方。

事後的一個月，我翻唱了「孤單北半球」來悼念占占，他不是我最好的朋友，但他在我的青春中佔了很大的位置。直到現在，我的社群媒體上仍不時跳出一些回顧，只要是大學時期的合照，幾乎都會看到他的身影。

不知道他現在過得好不好呢？占占，我想你了。

- 為你點歌 -

〈16 號愛人〉
容祖兒

〈慢冷〉
梁靜茹

〈借冒險爲由〉
崔聖哲

〈聊〉
林二汶

〈藍琥珀〉
崔聖哲

〈突然一生人〉
王菀之

〈想和你一起〉
李友廷 feat. 洪安妮

〈我只在乎你〉
王若琳

02.

在愛與被愛之間，我選擇牽起你的手

能夠互相陪伴，
僅僅是因爲今天有能力的我想替今天脆弱的你分擔。

#愛

「對愛情有點老派又如何，正因為重視與值得，才想要慢慢來。」

不知道你是否有過這樣，對於喜歡或是值得的事情，總會放慢腳步的細心呵護，希望能夠長長久久。

我有一個在感情上的小執著，在這段關係裡，我希望與對方的任何重要時刻都能慢慢地發生，像是牽手或是親吻，細水長流是我想要的浪漫。

進入社會後，我會觀察身邊的人如何生活，還有怎麼面對愛情。當然，每個人生來便獨一無二，面對不同的事情總會有不同的看法，只不過，我身邊的朋友在面對新對象時，竟然多數都認為，認識的第一天就可以跟對方確認關係，並且牽手、親吻，甚至還可以更「進一步」，他們的想法是讓彼此的關係快速升溫，就可以早點知道對方是不是適合在一起的人。

可能你會說我是傳統、老派，還有點放不開，但，比起講究速度的成人生活，我想自己應該還是處在青春時期的少年，面對太急速發展的愛情感到膽怯，在這麼短暫的時間，就要評斷對方是否能在一起，有點太過兒戲。可能是自己被前任寵壞了，他讓我發現，當對方是動心喜歡的人，就會感到小鹿亂撞，情不自禁把對方的一舉一動放大，欲言又止，想牽手卻又不敢牽，因為你在乎對方的感受，會害怕太過心急便搞砸了關係。

喜歡一個人，也會留意今天對方牽起你的手，是純粹的征服式成就感，還是想要陪你走往後的生活。那些看起來稀鬆平常的動作，都因為是對方，而被我們賦予了特別的意義。牽手並不是單純的牽手，親吻也不是單純親吻。正因為我把一切都看得那麼重要，希望能將所有畫面調成慢速、希望能細細品味彼此間的種種。

說我矜持也好，想太多也好，我希望一切都能夠慢慢進行，畢竟所有關於我們兩個人的第一次，僅僅因為是對方而成立，那些交錯的故事將成為兩個人以後回顧的美好回憶。將來與友人分享這段感情時，能夠具體說出那是多美好的故事，而不是草草帶過的一句話。

總有些朋友覺得我期待的愛情太過夢幻，但，我發現大家內心還是想找能陪自己走一輩子的人，希望對方就是唯一，那麼該如何判定那個人就是對的人呢？時間會是最好的證明，畢竟一輩子的事情，本來就值得我們緊張在意，花費時間經營和等候。就看你是否肯慢下步伐，好好體驗這樣的感情。

在一段關係裡，
展現溫柔的基礎是尊重，
明確知道關係所在的階段，
不濫用依賴來消磨感情，
展現適當距離的脆弱，
還有不介意當那個首先相信對方的人。

「除了懂得愛護彼此，更重要的是尊重彼此。」

自上一段感情結束以來，我不時反省原本曾經互相喜歡的兩個人，到底為什麼會讓彼此的關係走向終結。當然，往回追溯也無濟於事，那些曾經的糾結也不會帶來任何改變。於是，我習慣提醒自己不如專注未來，例如，是不是在這段感情有過一些遲疑，無法說出自己的真實想法，那麼下一段是否可以改進。或許，你會認為我的做法太過謀略，好像在玩什麼攻略遊戲，但，難道要寄託緣分順其自然？這根本沒有太大的幫助。

我也會不時觀察身邊的情侶是怎麼相處的，其中有一件事情啟發了我。那是我在電子產品店內挑選商品時，看見一位女士站在櫃檯前想要替自己的丈夫挑選一支合適的手機。而這位女士因為不確定先生會喜歡什麼顏色的手機，於是打一通電話給先生，接通時她說了一句——

「喂？你現在方便講話嗎？」伴著溫柔的語氣。

雖然這一句詢問看似微不足道，卻讓我印象深刻；與其說是詢問，反倒像是一種尊重和關心。這讓我想起身邊很多人，甚至是自己，當戀愛談久了，好像很多事情都當成理所當然，像是等對方載下班的自己回家、替自己做家事、買消夜給自己，主動支付晚餐費用等等，雖然他們做得心甘情願，但我們有多久沒有表示感謝了？

而那句輕聲的詢問，除了溫柔還有一種替對方著想的尊重，代表著善待彼此的關係，她並沒有預設先生就是要立刻回話，而且還保留了先生或許正在忙的可能。我很喜歡這樣的相處方式，舒服也沒有半點壓力，實在很敬佩，雖然已經是夫妻，卻不會有理所當然的霸道感。

我時常認為，最完美的感情是我們能在對方面前展現最好的樣子，並相互扶持成長，看著對方一步一步成為他所渴望的模樣，為他開心，反之亦然。彼此的改變都只是為了變得更好，而不是變得與對方的喜好更貼合。希望對方在我們面前能夠無顧慮地去做自己，那尊重便是我們所給予對方的包容。

對於伴侶的責任，我更傾向成為呵護對方的角色，想要對方好，便要學習在對方需要伸展的時候給予足夠的空間，尊重對方的感受和決定，兩個人才能走得更長遠。

「愛是我從人海中辨認出你，而且不再計較得失。」

現代人的愛情總是倡導要愛自己，雖然這是一個很棒的概念，但單單憑「愛自己」這三個字，實在不能完全表達出愛情原有的意義。

我認為「愛自己」的立意應該是要讓兩人能夠有所成長，而不是單單只放在「我自己」的想法。在一段感情裡，如果大家都把重心放在自己身上，在做共同的決定時互不退讓，那麼，總有一天兩個人會因無法達成共識而分開。我也總提醒自己，在談戀愛之初，多半會為對方妥協，也常會站在對方的角度思考，為什麼隨著相處的時間變長，而忘了當初的心意呢？假設這個人依舊是自己的所愛，願意為對方付出的心應該是不會被改變的。

「昨天男朋友對我說，他想回英國生活，問我要不要一起去。」朋友在公車上對我說了這一句話，平淡，不帶一絲情緒。「你一定不會答應吧？畢竟你的工作和朋友都在這裡，而且……你的英文也不好。」我篤定地回答。

「我答應了。如果是過去的對象，我或許會拒絕，但現在這一任有讓我再次戀愛的感覺，而且他是為了我才一直留在這邊的，如果他的計畫裡是有包含我的，那麼，我也不想輕易放棄。」看向朋友帶著想要與男友共赴未來的熱情，我不禁為他感到開心。

朋友那幸福的眼神又再次提醒了我，愛情就該是這個樣子，當遇到了一個你會付出十萬倍信任的人，而且會讓你願意妥協，只為了要愛護對方，那種全心全意絲毫沒有疑惑的篤定。我發現「愛上」與

「分開」是一種感覺大於理智的事情，所以要在這裡面兼顧「愛自己」其實相當困難呢。

可能有些人會說：這樣的決斷根本不理性。或許，當我們真的愛了，就不會去計較自己在這段感情是否保持理智。

我有時懷疑，現今流行單身的原因正是我們過分解讀「愛自己」，認為自己沒必要替對方妥協。只是，「愛」是兩個人的事情，想要譜出未來便需要兩人的互相配合，這之間難免會有退讓和妥協。如果我們從一開始就過於保護自己，在感情還未深厚時，便已經步步為營，太堅持謹守自己的各種想法，經不起一些捨棄，那麼，一段感情只會很快草草結束。

我們都不是什麼特別的人，
若說誰看起來堅強，
其實也只是某種程度的不追究。

Beautiful
days
with you

「美好的事物，都需要用時間堆砌。」

「台上三分鐘，台下十年功」，看著才華橫溢的人在舞台上發光發熱，確實很鼓舞人心，讓人也有了上台表演的衝動。你有過那些三分鐘熱度的經驗嗎？我曾經因為一部關於甜點師的電視劇，決定開始學習做蛋糕，結果買好了所有的用具，然後做出一塊超級難吃的海綿蛋糕，最後決定放棄（確認毫無天分！）。

現在想想，我這樣的初學者想第一次就做出媲美甜點店的蛋糕，簡直癡人說夢，每一個出色的作品背後都是無數歲月的積累，只花了一天的我是不可能追上他們的，除非是沒日沒夜的練習。

時間一直扮演著非常重要的角色，不只能應用在興趣上，也同樣能從看風景的意義中體現。如果今天輕鬆搭纜車到山頂上看日落，和花三個小時走過崎嶇陡峭的路才看得到的日出，即使是同一片風景，但花費的時間不同，這片風景對你來說的意義就不一樣。這讓我想起第一次去高美濕地，因為規劃行程的失誤導致我比日落早到三個小時，在炎炎夏日下，我堅持等了三個小時只為了這場日落，雖然我之前並沒有看過高美濕地的日落，但不用說我也知道，等待過後所看到的日落，那意義是不一樣的，我也覺得非常值得。至於感情呢？

要與一個人長相廝守，喜歡和愛缺一不可。喜歡會讓你有想佔據一個人的慾望、讓你有了包容對方的胸懷，就如同我們總是願意包容陌生人，卻往往把最狠的話留給最愛的人。但是，愛是一種責任感，如果要在陌生人和家人之中做選擇，幾乎所有人都會選擇後者，因為比起陌生人，我們更愛家人。

從感情的角度來看，我認為喜歡開始於一段情感關係的最初。我們可以很單純地就喜歡上一個人、被一個人迷得神魂顛倒，這就是一見鍾情，但我們不會在一夕之間就需要對方為這段感情負責任。可是，一段只有喜歡卻沒有愛的感情，不會有好結局，因為沒有責任感的戀情會讓人不懂得呵護彼此，一心只希望佔有對方，一廂情願地想要讓對方成為自己喜歡的樣子，而不自覺地向對方造成傷害，這便是為什麼感情裡不能只有喜歡，因為「喜歡」是感情裡自私的部分，會傷害人。

可以跟大家分享我一個好笑又有點尷尬的小撇步，每當我被一個人迷住時，都會想想家裡的狗——佩佩，問自己對方到底有沒有佩佩重要，通常這樣都能讓自己清醒，釐清那些朝思暮想的迷戀都只是喜歡的表象，我只是想要佔有對方，心裡並沒有意願為對方負責。

只有愛沒有喜歡的感情，無法包容對方卻又得負責任，這更像是一種負擔，感覺不到快樂。愛為戀人之間的呵護奠定了基礎，讓感情能夠共同成長，而不是互相損耗，但這不是一天就能產生的情感，是在經過感人的經歷和回憶後才出現的。我想婚禮上的佳偶哭得泣不成聲，正是因為一路走來的回憶對應著美好結局帶來的感動吧。

記得曾經有位前輩說過：「我覺得歌手最大的價值不在於唱歌或音樂才能多優秀，其實檯面上唱歌技巧一般般的歌手也有很多，重要的是他們能不能陪著觀眾一起成長，讓觀眾從一開始在舞台上青澀的樣貌，慢慢看著你變好、變優秀，這些回憶的累積讓他們願意愛你、為你付出。」

或許，最美好的事物，都需要紮紮實實地花時間累積。

「告白的意義不一定是為了在一起，也可以是結束一段念想。」

對我而言，一段感情的開始，是想法契合、了解對方是自己所需的。兩個人走向彼此，牽手與接吻是自然而然發生的事。這樣一來，「表白」這個動作就顯得太虛偽了，代表兩個人的頻率並不夠和諧，無法讀到對方的心意，為了想強行與對方在一起而積極表白，那麼成功的機率大概就只有百分之二十。但，我卻曾試過表白。

「我通常是被追求的那種，並不是說我面對感情很高傲，而是我在喜歡的人面前，總是不知所措。」有一次跟朋友在討論感情時，他對我的論點非常同意。只是像我這樣被動如此，終於也有要主動面對感情的時候。

在「表白」之前，我認識A已經六年了，在這段時間的相處上，我發現是自己慢慢喜歡上這個人。到最後，只要見到對方，心都會砰砰跳，對！就像是日本青春純愛的電影那樣，一點也不誇張。因為對方，我一度「暈船」，會主動邀約對方，兩人獨處時，會十分留意她的一舉一動，來找出她是不是同樣也喜歡我的線索。事實上，當你喜歡上一個人，就連對方靜止不動，你都會有千萬種猜測，是因為她在害羞，所以沒有發現我的示好？還是，她根本不喜歡我？

其實，這樣的細微我是知道的，了解對方沒有喜歡自己，但又抱有一些強烈的奢望，處處替對方的冷淡找藉口，直到第六年，暈船暈到我那段時間的心情大受影響，不只是自己，也反映到工作。每每想到這件事情還會有心悶的感覺，實在是太過煎熬了。

這件事終於來到了一個臨界點。某一天的公司會議，經理正表揚某位同事，而這位同事向在場所有人分享自己在工作上的一些失誤，好讓其他人避免同樣的錯誤再次發生。這時，經理講了一個英文單字，有點長，有點新，有點艱澀，為此還特地上Google查了一下，那就是「Vulnerability」。它是指脆弱性，經理表示這用在形容人的時候，代表我們願意向他人展露自己的脆弱，這是一種能力，並不是每個人都可以做得到。這讓我回想自己過去一直都保持著強悍的模樣，因為我認為一旦顯現出一絲狼狽，便不值得被人珍惜，所以我總是把脆弱藏起來，喜歡上對方的這種事情，更不會跟對方分享。但，這樣的做法實在不夠坦率，無論對自己也好，對身邊我愛的人也好，感情的根本在於信任，如果我不能夠向對方坦白，對方連我喜歡他都不知道，那麼，我們或許連好朋友都比不上。

也因為經理這番話，讓我意識到自己不能再這麼下去，想要往前，就只有抽身離開或坦白的兩種選擇。離開只是逃避問題，假使再次遇到也不會有任何改變，於是我決定要向她坦白。

有一天晚上，我傳了訊息給對方。當時告白的心情有點複雜，在內心中一直存在著她並不喜歡我的念頭，甚至還斷定這段關係沒有發展的空間，可是，卻從未在對方口中聽到一個確切的答案，那不到千萬分之一的成功機率始終在我腦中揮之不去，只想把內心的感受告訴她，不留一些遺憾。

想當然，我們最後沒有在一起。

她說：「我一直都把你當成好朋友」，原來這樣如同戲劇般的客套對白，也在我身上發生。有趣的是，緊隨而來的並不是傷心，反倒是身心舒暢，禁錮在我心上的枷鎖，瞬間破碎斷裂，難解的問題終於獲得解答。

我才發現，原來告白的意義不一定是為了在一起，也可以是替自己找到結束的出口，斷了之前因為假設而生的念想，也像是吸到新鮮空氣般獲得新生。

「喜歡上一個人，不一定要讓這個人佔據整個生活。」

我從小認識新朋友時，最常問的問題是：「你喜歡什麼顏色？」

如果真要問我喜歡什麼顏色，其實，不同的年齡階段喜愛的顏色各有不同，但不外乎就是綠綠黃黃的偏向，到目前我非常喜歡點帶暗色系的橙色，因為這種顏色在萬聖節中，有著南瓜燈跟搗蛋幽靈的調皮印象，彷彿在制式的生活下還能融入一點新鮮感。

不過，長大以後就很少再問彼此喜歡什麼顏色，或許是因為我意識到這問題沒什麼意義，而這是因為姊姊教了我一件事情。

姊姊跟外公在外地生活，於是我們一年只會在某幾個特別節日見面。雖然不常碰面，但她總是影響我很多，像是她大學玩過樂團，受那陣子的薰陶我才喜歡上音樂，第一首會唱的歌是她那時候常哼在嘴邊的〈十六號愛人〉，那是歌手容祖兒的一首經典名曲。姊姊總是與我分享很多人生新體驗，例如，她怎樣被一個暱稱「五只羊」的男生追求，還有在背包旅行的時候因為一個男生太帥，她便跟著他下車希望能交朋友的英勇事蹟，都讓我心生嚮往。

記得有一天晚上，確切的時間點已經久遠到我忘了，我們都躺在床上，姊姊分享了姑媽教她一個很酷的概念。

姑媽曾對姊姊說：「傻瓜，就像妳喜歡紅色，但妳不一定會喜歡整間房間，連同傢俱都一併塗成紅色的。」

喜歡一個人也一樣，你喜歡他，但不一定會喜歡被那個人佔據整個生活。

依賴是愛情的墳墓，當人生只有愛情就會顯得暗淡無光，漸漸掩蓋過彼此喜歡對方的初衷而讓關係走向終點。因此，不同的狀態下需要不同的顏色，這樣拼湊出來的生活才是精彩的。

愛情，是人生的其中一種顏色，分量沒有我們想像的重，但也絕對不輕，剛剛好，而剩下來的空間等待著我們去補上其他顏色，工作、友誼與興趣等。當你擁有了彩虹，紅色才有它的意義；當你平衡了生活，人就有了被欣賞的原因。

生活太久，會很容易忘記一些感覺，
愛，應該要有感覺的，
被一些人認同的感覺，
還有做對了決定的感覺。

「總不能在還沒開始的時候，就在替結束作打算。」

「How's your spring?」

「Spring」是我跟三位好朋友的默契用語，好朋友之間總要有這種不用過多言語、你懂我知的聊天語言。「Spring」代表著春天之意，拿來形容談戀愛時如沐春風的感覺。因此，這句話就是：「你上次說的那個對象後來怎麼了？」

「不錯啊，還在相處中，我覺得這樣的關係最棒了，因為還沒正式在一起，也不用負責任，沒有負擔的感覺很好。假如未來真的要在一起，我要在一開始便對他說明白，哪一天如果我想要分開，他就不要死纏爛打，因為這樣很煩，我會受不了的。」

朋友說的這些話，是因為害怕吧，害怕再次面對感情的結束。畢竟她跟前任是論及婚嫁時，才狠下心來正視彼此的問題，無論是對被分手，或是提分手的人來說，大概都已經傷透了心，也無法再次經營這麼長的一段關係。但，論一段關係，要怎麼自在抽離，怨誰甘願沉淪，都不過是胡亂妄想而已。

「分開時的眼淚來自於關係中的經歷，而不是因為最初的承諾。」

之前到台灣辦演唱活動時，活動名稱就叫做「我們為過程流眼淚」，這是我內心的想法。我認為世界上有感動的眼淚，與悲傷的眼淚，那些在比賽中奪冠的人們會落淚，並不是因為奪冠，而是因為他記得在這一路走來所付出的辛酸，還有與隊友們拼搏的點點滴滴。但，朋友的情況我認為是後者——悲傷的眼淚。落淚，並不是因為一開始的承諾，而是源自於這段關係中所累積的信任，還有相處之間的甜蜜、矛盾、受傷、憤怒。

無論是哪一種眼淚，都是藉由回憶製造而成的，所以當走到分開這一途時，情緒就會因為深刻的回憶而難以抽離，那是情不自禁的。

有什麼面對悲傷的好方法呢？我認為沒有，我總認為那像是一種等價償還，當你在這段關係放入的感情越多，分開時的悲傷也就越大。如果真要面對悲傷，就只能靠我們的勇氣了，無論是放棄糾纏對方的勇氣，還有承受對方示弱的勇氣。

先不要為結束而打算，何不好好地投入即將面對的感情，讓兩人的情意自然發酵，該昇華的時候不用攔阻，要對自己所選的人有信心，否則又踏入一段無所謂的愛情，也沒什麼意義。

關係不因為一句「在一起」而開始，一句「分手吧」而結束，畢竟雙方都將自己的愛放入其中，還是長存彼此的回憶之中。一句「承諾」只是單純的開端與結束，不過就是一句話而已，但我們不因為這樣而受困其中，自然地相愛，也自然地分開。

「比較」是這個世界上最現實的事情。
它教你認清楚什麼是真正重要的，
如果你真的愛這個人，
他就已經是你心裡的唯一了，
又怎麼會想要與人比較呢？

Beautiful
days
with you

「有時候冒險，是在教我們哪些事情是不能失去的。」

常常覺得，人很多時候不到最後關頭，都不會知道自己心裡的真正想法是什麼，若是在事情發生之前說得太多，似乎顯得有點傻。

友人A與女友交往已有十年的時間，他們是在大學時期認識的，因為國籍不同，畢業之後便開始遠距離的愛情長跑，維持遠距離戀愛格外不容易，失去了共同的生活圈，從原本能夠參與對方的日常，變成了像是旁觀者般，只能每天短暫的問候關心。我可以想像得到，那是充滿困難的溝通方式，每天就只能關心對方同樣的事：在做什麼？吃飯了嗎？跟誰出去玩了呢？而自己無法陪伴在身旁。

然而，友人A是個純真男孩，也十分專情，幸好他的女友也始終如一。每一次只要有A參加的聚會，都會看到他在某一個固定的時間點接到電話，然後用溫柔的語氣關心問候對方，還有分享自己的行蹤。我從未見過A的女朋友，但A總會很有耐心地向女友介紹我們這群朋友，希望把她帶到自己的生活中。我相信，假如這不是一段遠距離的關係，A大概會把女朋友帶到我們每一次的聚會中。

前陣子是他與女友交往十年的紀念日，而且還是女友的生日，我們問他送了什麼，他說女朋友喜歡史努比，所以就送了一個史努比的飯盒，這件事遭到我們一群朋友唾棄，但他的女友仍是開心收下。我心想，這樣的他們一定可以挺過下一個十年的遠距離戀愛吧……

可是，再怎麼相愛的人，面對各自遇到的生活難題，難免會在途中迷失，或是被一些更好的選擇誘惑，更別說因遠距離而產生的細微瑣事。特別是近兩年新冠肺炎肆虐，他們就已經有兩年的時間無法實際見到彼此了。最近，A因為朋友的邀約經常出去遊玩，跟一位女生朋友走得非常近。

初次遇到這樣的事情，A不知該如何是好，因而感到苦惱，有幾個與朋友相約喝酒的晚上，都在討論這件事情。有些朋友宛如正義魔人上身，說些「你女朋友很愛你耶」、「你這樣算是種背叛」這種嚇人的話，但，有些真正關心他的朋友，則是能代入他的無奈與情不自禁。

對我而言，人生就是這樣，人在不同的時段所需要的東西不一樣，所以感情才會顯得如此複雜。如果有個人的出現，能讓我們反省自己所擁有的一切，那就代表我們要好好面對它。比起因為害怕被別人指責而逃避這份迷惘，我更想跟友人A說，這時應該看清自己的心，如果愛上就是愛上了，不要因為害怕被指責而拖著不處理。也不是要立刻選擇誰，而要釐清自己的感受才會給出答案。

這樣的曖昧不清持續了一段時間，或許是喜歡那樣的新鮮感，A決定要向女友提出分手。當他確定要打這通分手電話，便拉著我來為自己壯膽。我們相約在酒館裡，他就在門外打電話，而我則是進入酒館等他，他自以為應該能在幾分鐘就能結束，還吩咐我要幫他點杯酒，但我知道，十年多的感情怎麼可能幾分鐘就講得清說得明，於是我獨自一人品著酒，等到他終於進入酒館，已是一個半小時後的事情了。

「砰！」的一聲，酒館的門打開，A進來了，我能清楚看到他眼眶紅紅，是剛哭完的痕跡，我詢問他結果。

「呼～我向她提了，結果沒有分手。」聽到他說這句，我的內心十分開心，雖然之前講得冠冕堂皇，說什麼支持他做的所有決定，但心裡還是惋惜一段十年感情的結束。

「她哭了，說會尊重我的決定，其實也可以就這麼告一段落。只是不知道為什麼當我提出分手時，我的內心竟充滿了很多不捨，也有很多回憶湧了上來，我發現自己還是非常愛她。於是，我決定要再與她試試看。」

日子又回歸平靜，A更確定了與女朋友的關係，遠離了新對象。

我一直覺得，長久的關係裡需要不時的衝擊來清醒一下自己的頭腦，給自己擁有的這一切更多的信心，好讓我們把故事延續下去。感情也好，夢想也好，沒有任何一段關係是例外。看著A的故事，他大概從不覺得自己會喜歡上其他人，可是當他遇見了之後，才會開始思考自己的愛情，喚起了他最真切的感受。

雖然這段意外的插曲，不像是「冒險」，或許也算是一個「契機」在教會我們，哪些事情是不能失去的，唯有碰到才能理解。

有些事情就是這樣，很刻意的卻總是得不到，
有些看似短暫的，不知不覺就一輩子，
不要去計較日子長短，
答應我，好好享受兩人一起的時間。

「為愛情犧牲，不會有好結果。」

「犧牲換來的愛情不會有好結果，至少在我身邊沒有發生過。」最近迷上了一個談話性節目，主持人不經意地說出了這樣的結論。

這句話讓我思考許久，犧牲真的能換得好結果嗎？可惜在我身邊從未發生。雖然世界上總是會不時出現一些為愛犧牲的故事，但沒人去探究最終的結果。打聽得到的，幾乎都是幫對方還債十年最終被對方拋棄；又或是把自己塑造成對方喜歡的模樣，卻被對方嫌棄的故事。

雖然在前文，我曾寫過在一段關係裡不能過分解讀「愛自己」一詞，要懂得為愛妥協。我曾聽人說過：為愛情妥協，但不要為愛犧牲，到底這之間的差別在哪裡呢？我蒐集了身邊朋友們的意見，最終得出了一個結論：當我們的付出是自己能力所及，那是妥協；當我們的付出超出能力所及時，便是犧牲。

我知道，人是善忘的動物，今天為彼此做出的犧牲都只是出自於我們的自願，在感情要結束時這些犧牲都脆弱得不值一提，反而是想要追究的我們顯得太過執著了。也不要想著是否改變自己就可以討對方喜歡，這些並不是走到未來的重點。我總認為一段好的關係，雙方應該是勢均力敵，一同投入感情裡，又能保留著離開的勇氣，兩個人都不會認為有什麼是對方必然要為自己去做的。於是，這樣的良性相處模式會使彼此成為更好的人，我更願意把它說成是共同成長。

對我而言，談感情就是將自己投入在關係裡，為了經營未來，不能夠太過自我，的確像前文所說的，愛需要兩個人一同付出，在不同的生活難題上做出妥協來達成共識。只是往更深一層來說，愛也不需要我們無止境的付出，「依賴是愛情的墳墓」，特別是當你開始意識到自己的付出會讓你漸漸變得要依靠對方、無法離開對方的時候，不要因為愛情的承諾而把自己放置在這麼危險的地方。

「愛自己」在感情裡的定義，應該是我們懂得為對方付出與妥協，但同時也懂得量力而為，在沒有能力的時候先保護好自己。因為當我們在過程中失去了愛對方的能力，那麼，我們也同時失去了共同成長的資格。當然，對方脆弱時，我們可以盡己所能給予呵護與扶持，適當參與對方的計畫，可當今天是自己脆弱時，我們便有責任也照顧好自己，因為當我們失去給對方幸福的能力，只剩下對方單方面的獨自維繫，那麼這段關係也容易瓦解。

所以，「愛自己」是真實的，只是愛自己不光是不停地在對方面前堅持自己的每一個想法與人生計畫，如果你能看透，我甚至覺得不過分保護自己也是「愛自己」的一部分。

像那位為了男朋友而答應要去英國生活的朋友，他也提到：「去英國應該也是可行的吧，我會試著在那裡繼續發展我的興趣，如果不行，大不了我就一個人回來再重新工作。」我知道他之前從未想過要到外地生活的計畫，但，當他說出了這番話，我便知道他是有先想到自己，這件事情對於他來說是妥協，但不是一種犧牲。

妥協與犧牲看似相同，其實不然，「愛自己」看似膚淺，其實深遠。愛是兩個人共同的事情，只要雙方都有好好給予彼此適當的愛與扶持，不忘衡量自己付出的能力，懂得妥協又不做犧牲，這樣幸福才能走得長遠。

「即使沒有那一支口紅，還是可以好好過生活。」

一位朋友抱怨自己最愛的口紅色號停產了，而手上的那一支口紅已經快要用完，實在令人焦慮難耐。我突然意識到一件事，原來，愛情跟口紅有點像呢。

有些人不愛用口紅，有些人沒有注意自己其實需要口紅，有些人出門最少也需要擦一點口紅，有些人只用同一款口紅，有些人因為喜歡嘗鮮而經常更換口紅，大多數人在意口紅擦上嘴的顏色，也有些人在意口紅的造型外觀所帶出來的質感。

有一些口紅格外暢銷，但有一些卻是小眾喜愛的個性顏色；有一些口紅是我們喜歡的，擦起來卻不適合，有一些口紅適合我們卻又沒有為妝容加分。有時候拚了命尋找，也找不到喜歡的，可有時候沒有刻意搜尋，卻突然遇到最對味的。每個人的喜好和需求各不一樣，使我們印象深刻的，但可能其他人不一定懂。於是，對於一支口紅的停產，有人覺得就此止步，有人則覺得依依不捨。

當自己心儀的口紅停產了，難免會感到失落、可惜，然後在未來的日子裡心心念念，即使往後出現了幾支擦了顯色不錯的口紅，也永遠無法取代當初那支停產的口紅帶來的悸動。你說是之後出產的口紅都不怎麼漂亮，但我說是你眷戀過去不懂得往前，於是深陷回憶不想再試，也讓你看不清楚未來出現的那一支其實更好。殘酷的是，我們永遠無法拿停產的口紅做比較，說不定那其實不適合現在的你了，甚至是配不上擁有更好品味的你，但都已經無從考究，畢竟它早已消失在耗盡的那一刻。

寫到這裡，大概會有很多人跟我現在的心情一樣，覺得不過是一支口紅而已，沒必要講得那麼嚴重吧，畢竟口紅只佔據了我們人生中很小的一個部分，即使失去了最心愛的口紅，生活也依舊可以過得很精彩。

那麼，愛情何嘗不是只佔據我們人生中很小的一部分呢？若是在還沒遇到愛情之前，生活也依舊可以過得很精彩，不是嗎？

當我們知道自己要用什麼樣的心態去看待口紅，或許，我們便會知道該用何種心態來看待愛情。

「世上最遠的距離，只因為心有了距離。」

「這世界大得讓你很難不旅遊」——〈慢冷〉梁靜茹

不知道是不是因為這個世代，大家都更願意花時間經營自己，遠赴他鄉深造已經成為了都市人稀鬆平常的規劃。科技愈來愈發達，只要買一張機票，幾個小時後就能抵達一個全然陌生的環境，學著去體驗這個世界、增廣見聞，從而更了解自己的價值。也因為是這樣的環境，大家身旁都不乏正在經營遠距離關係的朋友，如果「幸運」一點，或許正在談一場遠距離戀愛的人，正是自己。

我常形容進入遠距離戀愛，就像是從明亮的空間進入伸手不見五指的黑暗房間，這樣的改變對關係有什麼影響，沒人知道，所以才會感到恐懼。當兩人沒辦法輕易見面，就彷彿再也無法掌握對方的一舉一動，很容易讓安全感降到低谷。也有朋友告訴我，如果要開始一段遠距離戀情，他還寧願分手，因為無法接受兩人相距太遠，這樣的消極心態，總讓我覺得不妥。遠距離戀愛的心態該如何調適，已經是不少人的老生常談，卻仍舊沒有標準答案。

儘管如此，還是常有人請教我該怎麼調整遠距離相處模式的世紀難題。我只能回覆，這世上沒有每一對情侶都適用的萬用解法，伴侶是自己選的，沒人比你更了解對方的需求，也不要期待有人能告訴你答案。不過，不管決定做出什麼改變，重要的是心裡仍舊惦記著彼此。雖然不能見面令你痛苦萬分，但，面對面卻感受不到對方的愛更可怕，是吧？我朋友在出國讀大學時結識了現在的伴侶，兩人畢業後各自在不同城市工作，還是一同迎接了十週年紀念日；相反地，也有同居的情侶交往不到三個月便不歡而散。

會害怕遠距離，是因為無法時常見面，不能隨時敞開溫暖的懷抱，也害怕對方身邊會出現更好的人投懷送抱，但是，就算天天見面，也不代表能夠看穿對方的心思、再多個擁抱也不能保證這段愛情永遠不變，如果對方執意要走，又何必等到有更好的對象出現呢？

可見，距離不是影響一段感情的最大因素，心才是。當一個人心裡有你，就會時時關心你在做什麼，他會想跟你分享周遭發生的事，甚至把所有朋友都介紹一遍，彷彿你就在他身旁，與他一起經歷這些生活。當一個人心裡沒有你，遑論分享生活的點點滴滴，就連走在身旁，也不願牽起你的手。

有人說，熱戀中的情侶只需要經過一場旅行，就能知道對方到底適不適合自己；但我認為，遠距離也很適合作為感情的試金石，看看兩個人在見不到對方的漆黑房間中，是否能以心靈並行，共同追求愛的意義。

經得起磨練的感情才有更穩固的基礎，因此我能給的忠告就是，面對遠距離更要保持平常心，因為只有心的距離，才會成為感情裡的距離。

感情有它殘忍的地方，
因為它無法恆久，就像玫瑰總會凋謝，
每個人都在努力，
研究感情永恆不滅的方法，
卻忘了要珍惜當下的情意。

Beautiful
days
with you

「每一次的暫時離開，是為了讓麻木的自己懂得再次珍惜。」

無論是再專一的人，在一段關係裡總會有迷失方向的時刻，根據我向親朋好友進行的非正式調查，一段關係往往會在第二年、第五年、第七年和第十年這四個時間點面臨一次危機，我推測第十年之後也固定會持續發生。每一次的原因，大多都是「麻木」，我們丟失了對愛人的悸動，容易在關係中感到茫然，有時候是自己、有時候是對方。

我知道這樣的非正式統計不一定能套用到每一個人身上，可是，眼看身邊的朋友，甚至是我自己都有過同樣的經歷，或許這樣的經驗能夠讓大家引以為戒，知道感情不可能永遠都濃情蜜意。

某次直播時，有讀者向我介紹了「邊際效應遞減法則」這個經濟學理論，它的概念是，久久吃一次栗子蛋糕會覺得非常幸福，但若是每天都吃十盤栗子蛋糕，很快就會膩了，而且會有很長一段時間不想再吃。這在感情裡，便是麻木的意思，兩個互相喜歡的人花了過多的時間在一起，當「我愛你」說得太多，聽的人便覺得不像當初那樣感動，慢慢地，我們會在某一天突然發現自己不再懂得欣賞對方，並把對方的缺點無限放大。

我親身體驗過，這讓人感到慌張和迷惘，到底是怎麼了，是突然就不再喜歡對方了嗎？自己也不太清楚。但是，膩了並不代表我們不喜歡栗子蛋糕，只要過了一陣子，一切就會回歸正常。就像遠距離戀愛的情侶，反而會比每天見面的情侶，更能維繫感情、更不容易分開，因為見面的時間越少，兩人之間的新鮮感就能保持得越久，也比較珍惜相處的時間。

或許，最好的關係是為彼此保留適當的個人空間。也因為這樣，我多次在心裡告訴自己，不能每天都膩在一起，讓兩個人能夠專注在各自的日常生活上。一個星期只見一、兩次面，這樣就能更有效率、更用心地安排每一次的行程。只是，自己也知道，要正在熱戀中的情侶無時無刻不會想到對方，再多冠冕堂皇的理由制止自己不要多見面，都無法克制那種想飛奔到對方身邊的心動。感情本來就是自然而然產生的，兩個人彼此喜歡，相處比獨處時快樂，才決定在一起，若刻意在惦念著彼此時保持距離，這樣的做法似乎有點多此一舉。

有沒有可能，麻木原本就是感情的一部分，是一體兩面？我在某一次迷失時，創作了〈借冒險為由〉這首歌，訴說心中的感覺。在感情中，我們忘我相愛，直到不再心動，感到麻木的一方便會展開一趟冒險。這是趟一人啟程的冒險，可以是一場心靈的旅行，也可以是一次真實的旅行。我們在旅途中輕聲叩問自己的內心，唯有抽離，才能看清兩人的關係。為什麼會把它形容成冒險？因為「麻木」跟「不愛了」很難分辨，我認為獨處的時光能教會我們什麼才是最重要的，屬於我們的，最終還是會回到身邊，如果你也同意，就不用急於將永遠掛在嘴邊。

或許〈借冒險為由〉是自私的行為，一方固執地踏上旅途，冀望另一方能默默承受，可是對彼此坦誠也同等重要，如果想法不再清晰，不要害怕說出來，因為在感情裡欺騙對方是更自私的行為。只要記得，我們都要真誠面對自己的心，不要在理當結束的感情中苟延殘喘，也不要在還有希望的感情中消失無蹤。

愛情就像享受一盤栗子蛋糕，若是你真的喜歡，那麼，就在每一次的離開後，更懂得回來時要珍惜對方。

「生命中的每個人都有獨一無二的角色。」

「就算有喜歡的對象，我也不敢採取行動，萬一弄巧成拙，無法成為戀人，還失去一個朋友，我不想讓關係變成這樣。」坐在對面的朋友苦惱地分享自己的裹足不前，這番話聽起來很熟悉，我想，很多人都有過這樣的煩惱。

喜歡上一個人，雖然想要更進一步，卻又害怕往前踏會傷害現在的平衡。談過幾次戀愛，用幾段無法磨滅的回憶刻劃了青春的時光，歲月荏苒，我們再也沒有辦法承受放膽去愛，卻捧著受傷的心回到孤單一人的結局。在感情中受到的傷害日積月累，只會讓自己越來越膽小，對愛情失去信心的感受更深，即使遇到更心動的人，都會瞻前顧後，失去了年少時的魯莽，缺少一股推動關係的傻勁。

每個人的成長過程都不免跌跌撞撞，為了不想再受傷，或許小心翼翼是人之常情，可是在我眼裡，這樣未免太過可惜。我認為每個參與我們人生的人，都扮演著一個角色，有些人跟我們很合得來，可以成為互相扶持的旅伴；又有些人，以為合得來，但相處久了才發現是相愛相殺，人生的舞台上，有主角，就得有襯托主角的反派。一切都是人生的際遇，我們無法決定劇情走向，而愛情也是其中的一環，有些人，注定要成為你人生的男／女主角；而有些人，若無法成為情人，就只能驀然退場。

「就算真的是很契合的朋友，你若不行動，就不會知道對方的劇本究竟寫著什麼，若是他今天注定要成為你的男主角呢？」我點出朋友的逃避心態，拆穿他因為不敢面對關係而編造的藉口。

感情不能交由憑空想像，必須是人與人的實際互動，兩個人的關係最終會抵達何方，只要伸手推開門扉，就能看到安放在門後的答案。重要的是，我們能不能鼓起勇氣，打開門，踏入新的章節。若是為了保護自己不受傷害，而選擇逃避，是不會有任何結果的，想要得到幸福，就要有面對真相的勇氣，或許一時的悲傷，只是為了讓劇情迎來最終高潮的鋪陳。

每個人在我們的人生舞台上都扮演著各自的角色，命運的編劇早已安排好劇情走向，可它並不會總是與我們背道而馳，因為命運其實也代表著我們所做的決定。相信一切自有最好的安排，我們所需要的，就只是翻開劇本下一頁的勇氣，確保下一站幸福能夠及時到來，不被自己的執迷耽誤。

「Love at first sight.」

有位正處於熱戀期、滿面春風的同事最近總為單身許久的我著急，

「不然妳要介紹對象給我認識嗎？」我反問。

「你有下載交友軟體嗎？多給自己一些機會！」她說道。

近幾年的單身時光裡，我總覺得自己與人群有些疏離，也不急於要盡快找到新對象，而且，這也急不來。全世界七十八億人口，如果真的存在萬中選一的真愛，那麼放慢腳步，仔細尋找才是合理的做法。雖說不著急，但我還是警惕自己，要保持開放的心胸面對所有

相遇，別把心門關得太快，以免錯過了上天安排的緣分，我想朋友的勸說，也是這個意思吧。

單身歸單身，只要有邀約，我再忙都還是會答應。當然，不是每個對象都讓我有非常心動的感覺。或許你會問，那為什麼一開始要赴約？誰曉得呢？說不定相處久了，便會愈來愈喜歡對方，當時的我是這麼想的。

只是，吃了幾頓沒有結果的飯，我發現感情真的勉強不來。有些人，相處上沒有什麼問題，外表和性格也沒什麼好挑剔，聊天的時候毫不冷場，我們一起去看電影、吃晚餐，非常順利，沒有半點爭吵。只是，當對方想要讓關係昇華時，我卻猶豫了，我知道自己還不夠格當情人，甚至，心底早就知道，這是不可能到達的位置。

兩個人之間的關係需要花時間相處，創造共同的經歷與回憶，感情才會更牢固。可是，並不是相處越久，情感就一定會更加深厚，如果只要長時間待在一起，就能成為戀人，那麼身邊所有的朋友，都可以稱作是愛情長跑了。友誼和愛情，兩者是不能相提並論的，友誼是單純建立於互相認識和對彼此的理解，愛情則是建立在友誼的基礎上，加上幻想與情愫碰撞的結果；友情是廣泛的，而愛情卻是唯一的。

以前的我不相信一見鍾情，不夠了解對方，何來的感情？而且這只是魯莽無知的行為，我們愛上的，是對方在自己心裡的幻象。

但現在回想起來，或許看一眼，真的能確認很多事情。只用第一印象就決定兩人合不合適、能不能過一輩子，這是不可能的。但是，就像之前說的，每個人在別人的人生中都扮演一個角色，而對方在自己的世界裡可能成為什麼角色，其實心裡的直覺早就洩漏了線索。

或許，茫茫人海中，要找出那個人不是天方夜譚，只要看一眼，你的心就會告訴你答案。

- 為你點歌 -

〈看風和日麗〉
崔聖哲

〈小心易碎〉
王菀之

〈好時辰〉
王菀之

〈水百合〉
王菀之

〈一起〉
崔聖哲

〈從前慢〉
葉炫清

〈親愛的巨人〉
林欣彤

〈在沒有你的城市晚安〉
許哲珮

03.

即使生活以苦痛待我，
仍要溫柔前行

世界雖然把我們敲碎了
但我們要一點一點找回自己。

#世界

「即使被世界殘忍對待，也不要對自己殘忍。」

或許是因為從事創作？還是因為金牛座的緣故？過去的自己，一直都是完美主義者。我總是在意能不能達成理想的結果，以致過分執著，就像錄製新的音樂作品時，總是反覆聆聽當天的錄音檔，想要確保能夠完美呈現出腦海中的畫面。只是，完美是不可能的，我總是能找到瑕疵，甚至為此微調幾十遍，雖然我的朋友們都說聽不出區別。也有幾次接到大學錄製畢業祝賀影片的邀約，怕自己表達得不夠完美而反覆重來，到最後都分不出來自己錄得怎麼樣了。

當成品與自己的想法有落差，就高興不起來，以前的我就是這麼嚴重的完美主義，我害怕，當一切偏離航道時，代表我的努力就沒有了意義。

前陣子有位朋友，說我的談吐與思考方式很有趣，因為她察覺到，如果問我的感受是不是跟她形容的一致，想深入了解我的想法時，我會先停頓一下，再告訴她「我不太確定」，而不願隨意給出一個草率的答案。她是對的，因為我總是想完美地表達自己，於是當言語不足以完全表達心中想法，卻又無法三言兩語就解釋清楚時，我就只能回答「我不太確定」。

如果她問我是不是覺得自己多愁善感，我就會想著，難道不是每個人都覺得自己多愁善感嗎？就算如此，每個人的多愁善感定義都不一樣，或許我認為自己是，但別人看來我可能根本算不上。腦中的千迴百轉難以言喻，為了不讓這位朋友覺得我是瘋子，最後只能以「我不太確定」五個字草草帶過。

某方面來說，這樣的習慣也代表著精益求精，特別是在藝術表達上，多花時間琢磨能夠讓情緒的勾勒更細緻。只是，若苛求所有事都必須分毫不差，會帶給自己太多壓力。追求完美的性格，也使我成為了容易因為小失誤而一蹶不振的人。

曾經在一場公司會議上，因為講話不夠得體，而被經理臭罵了半個小時，那是我生平第一次在工作上犯下這麼大的錯誤。這讓我的心情瞬間掉到了谷底，感到非常絕望，我深深恐懼會因此斷送前途。幻想是人最大的心魔，當時我眼中的世界毫無色彩。當然，在時間的治癒與無數同事的安慰下，我還是回到了軌道上，像是什麼都沒有發生過一樣，只是每次看見那位經理都會提醒我心裡的疙瘩，當時的過錯永遠無法彌補。

在動筆寫書之前，就已經和出版社討論好要為這本書寫一首歌，讓讀者可以在讀書時有一首歌相伴。寫書是一段漫長的過程，我原先沒有打算太早開始寫這首歌，甚至也還沒想好要往哪個方向發揮。只是，或許就像我說的，創作是最能呈現人心的工具，我在某一天任憑靈感發揮時，便自然地誕生了這首歌，剛好吻合寫這本書的心境。那也是我遇到人生中一次絕望的隔天早晨，憔悴醒來後，看著窗外風和日麗的好天氣，彷彿昨天的惡夢從沒發生過，便寫下這樣的歌詞：

是遺憾的太重讓自己紅了眼睛
從前所失去的
會與你並行

不願再看你為難自己
一輩子的悲傷太可惜
難關只因有些事情要學習
誰的心事永遠只存在於心裡

記得窗外風和日麗
要專注把握剩下來的
好天氣

誰的執迷由始至終只有自己
一切都在慢慢的老去
日子不多更加要珍惜

我想，世界最殘酷的，不是讓人感到絕望的那些事，也不是感到絕望的那份心情，最殘酷的，是時間一直在流逝，等我們好不容易從對過去的執著中醒覺，一切當初在意的事，已經物是人非，錯失了抓緊重要事物的時機。

在我人生一次又一次的谷底，之所以能夠不斷往上爬，是因為我一直告訴自己，「絕望」也許是命運給予我們的第一次傷害，但若因此錯過往後那些同樣值得珍惜的人事物，這些我們親手造成的第二次傷害，才是最要不得的。一直以來我寫這些文章，或許像是以旁觀者的角度在安慰讀者，但其實，文章中的「你」，都是我自己，這些文章都是在與自己對話，安慰自己。

最後，致或許正感到絕望的你，又或是未來要面對無可避免的絕望的你——

每個人的絕望都是如此的獨一無二，犯下的錯再也無法挽回，願你能戰勝恐懼與慾望，讓無法挽救的失去成為依靠，使自己再次看見窗外的風和日麗，即使被世界殘忍對待，也不要殘忍地對待自己。

「如果你要說我還沒有長大，那麼，就讓我在幼稚的年紀盡情幼稚吧！」

出社會工作了幾年，還是單身的我，對於婚姻，總覺得離自己非常遙遠。看見身邊陸續有人決定要結婚，難免也會想到一個問題，到底要交往到何種地步，才會決定與一個人長相廝守到老呢？

對於感情，我有一番解釋，兩個人結為伴侶，會一直呈現永遠都在互相認識的過程，因為時代會變，經歷也在變，或許到了某個時間，就覺得彼此不再合適而分開，這樣的想法並不負面，事實上這樣的故事每天都在上演著，林憶蓮曾在一次訪問中分享，她認為愛情是不恆久的。

如果要將愛情分階段，我會把交往看成是了解對方的階段，結婚則是兩人已建立起足夠的信任，還存在著對彼此的熱愛與呵護而做的決定，在法律上也有這樣的意義。簡單來說，我覺得自己還很幼稚，有著一顆少男心，如果決定要結婚，我期待那會是一個我這輩子最愛最愛的人，只是殘酷的現實是，「我愛的人，不是我的愛人。」這句歌詞總是那麼寫實。

「當初妳是怎麼決定要嫁給自己的先生呢？」我問了一個年紀比我稍長的女生朋友，她已經生了三個小孩，是個熱愛家庭的人，不時會聽到她分享每天下班回家見到自己的小孩們，是如何治癒了她工作一整天的辛勞。因此，我想她的丈夫肯定是她這輩子最愛的人吧，至少決定要結婚的那一刻是的。

「嗯……我想大概是適合吧，你說我很愛他嗎？我覺得這輩子愛得最深刻的，永遠是初戀，但無奈我們並不適合在一起。現在我跟初戀是朋友了，他結婚時還邀請我出席他的婚宴，我去了然後哭到不行。」她淡淡地說完這句話，彷彿是接受了這就是人生的感覺。我無法隱藏自己的詫異和替她感到可惜的心情。

我不禁把感情與夢想連結了在一起，那位女生朋友就像是一個被現實生活完全磨平的社會人一樣，對夢想失去了希望，看不見半點稜角。有一句話是「我成為了當初自己最討厭的人。」我回想自己等待畢業的那段時間，無論是對夢想和感情都充滿了要冒險的期待，大概沒有人會在年輕的時候，便覺得自己一定無法追到夢想，又或是立志跟一個不是最愛的人結婚，我相信這位朋友也曾在少女時期有過期待吧。

有時候我會嘗試讓自己代入，體諒別人的無可奈何，如果失去了希望，我還能這樣嗎？我也曾看過努力在殘酷現實中掙扎的人，無論遇到多少次挫折仍然堅守自己所相信的事情。愚昧的我還是相信世界上有那麼一些人，最終熬了過來，能與自己這輩子最心愛的人結婚並攜手終老。

如果你要說我還沒有長大，還沒想得如此透澈，那麼，就讓我在幼稚的年紀盡情幼稚吧！

你的行為反映著你值得怎麼樣的對待，
這是一個鐵定的事實。
即使在某些時候你並不認同，
但你能做的，
就是好好的理清楚你所認為的和實際事實之間的出入。

「溫柔是會鼓勵人的，而且還能傳遞給下一個人。」

我很喜歡一位女歌手，她是王菀之，之前在香港紅磡體育館與另一位男歌手合辦演唱會，她在舞台上說了這段話——

「我知道自己出道了這麼久，歌迷都不算多，但正因為這樣，我很珍惜剩下來的這一小束歌迷，我想把演唱會接下來的這個部分送給他們。」

聽了這段話，有點為她心疼，我想現場專程買票來看她的歌迷們應該也一樣，從她這段掏心話語中可以感受到，她是如何在自己的音樂生涯裡堅持著不妥協的作品，還能走上紅磡，這絕對是不容易的事。

中學時期，我就非常欣賞剛出道的她，因為她的音樂風格十分創新且富藝術感，源自於她從小就有濃厚的古典音樂修養，所寫出來的旋律自然地伴隨著古典樂的氣息，總是獨特且不易被模仿。再加上除了音樂，她也鍾愛各種藝術，例如油畫和跳舞，我想也是因此，使她在創作上渴望有大膽的呈現。

如果你要問我為什麼知道那麼多，那也正因為我非常喜愛她，曾經搜尋翻看過大大小小關於她的訪問。這份獨特與創新難免使有些人會覺得她的風格有點怪異，可是，我總是能從她的作品之中充電，無論是她所寫的旋律，抑或是歌詞。也是因為她讓我開始喜歡上創作，才知道原來創作所散發的能量是可以影響一個人的，聽〈小心易碎〉我會覺得絕望，聽〈好時辰〉時我會感到幸福，之前我曾在

Instagram的簡介寫上：

優雅脫俗又為何在競賽
贏得讚揚又怕被期待
從不稀罕將青春裝飾宇宙　被砌成花海

我相信很多人都對這段話疑惑，那正是出自王菀之〈水百合〉的歌詞，我總是以此提醒自己務必守住初心，人不應該一味追求成就，而是不慌不忙，才能呈現出自己特有的氣質。我想每個人心中都有一個偶像，陪伴自己好久好久，總是記得大學第一次去看她的演唱會，她一出聲的那個瞬間，我全身雞皮疙瘩起來。

看著舞台上難得氣餒的她，我意識到「堅定」才能讓人持續一輩子，畢竟在人生各個階段都會有不同的誘惑逼自己放棄。我想她這一路走來也不容易，卻能在嘈雜喧囂的世界裡，找到了一個立足之地，進而展現出無可取代的氣場，至少她在我心中就是這樣，無關有多少人認同或喜歡這樣的王菀之。她帶給我的影響就是如此無價。

「你都不知道你寫的文字幫助了我多少，我想請你一定要繼續寫下去。」這是來自一位讀者，讀完我寫的文字後所留的言，而這也正是我想對王菀之說的話。

因為她的溫柔鼓勵著一些陌生如我的人，然後再由我們傳遞給別人，一傳十，十傳百，不知不覺地渲染到更多人身上。我也希望自己展現的溫柔能守護所相信的一切，讓那些對未來疑惑的人們看見，原來還是有人能堅持下去。

「有人辜負了你的付出，並不代表付出本身是個錯誤。」

世界上有很多黑暗面，都是因為我們被傷害後所產生的情緒，進而成為那樣的陰霾。

我們每天都會做出不同的決定，可能也會涉及到他人，即使我們都是出於好意，又或是自認為做出最好的決定，難免也會因為一些疏忽而傷害了某些人。你還記得上一次傷害別人是因為什麼事情嗎？說白了，無人完美，我們既傷害人，也被人傷害，在這樣的環境下，人很容易漸漸變得像刺蝟，把所有無心之失與善良的人都用尖刺隔開，以為成熟便是小心翼翼不再受傷害，然後晦氣地說自己再也不會相信任何人。

曾經聽有人說過：「總不能夠因為有一個人傷害了你，所以你便對所有人起疑心吧？我們的本質不是這樣的。」

我也很認同這番結論，但總覺得少了些什麼，於是有一段很長的時間都在思考這番話。

受過傷的人認為只要不付出就不會再次受傷，但這樣的做法，就是把自己的幸福排拒門外。一段關係是兩個人的事情，若是要獲得幸福，兩人必須互相信任且無私付出，永遠不會是一個人的責任。受傷了就把心闔上，也是剝奪自己去愛的權利，這樣是否失去更多呢？為了錯誤的人賠上了自己，未免也太過可惜。在你付出的當下，那個人肯定是自己喜歡的人，所以那些付出都是真心且情願的，最重要的是，自己很開心，又怎麼會覺得當對方離開，這些付出就是徒勞的呢？難道感情是要秤斤論兩，求得回報的嗎？

我總認為幸福值得我們承擔一些風險，有時不小心摔了一跤，但跌跌撞撞過後，在山頂上等待著我們的，會是最美好的光景，至於那光景有多美，便取決於這一路下來付出了多少。這代表，愛需要我們全程投入，勇敢地跨過每一次障礙。

我時常警惕自己要保持溫柔，不管受傷過多少次，都依舊要打開心扉相信下一個人，用過去的陰影對待未來那些值得的人，對他們很不公平。那些回憶或許很殘酷，但未來還有可能會幸福。唯有面對並擁抱曾經的挫折，用更成熟的心去保護一開始的那份傻勁，我們才會強大，更接近幸福。

不會真的有一個人能給你所有，
討好只是一種依附，
你依附在沒有比自己可靠的人身上。

「低潮時，或許是一個辨認方向的好時機。」

當心受傷了，會有多嚴重呢？我曾經寫過：「情緒就像一個密封的盒子，打不開來，只能任由它在裡面發酵。」

我一直覺得，陷進低潮的心無法用言語抒發，那種無法釋放的負面能量才是最讓人氣餒的。不管旁人如何安慰、勸說，都無法讓正處於低潮期的人聽進去，因為他們都陷進了密封盒子，聽不見外在聲音，而內心正在發酵。

低潮來襲是件讓人畏懼的事情。自己是個會不時落入低潮期的人，當然不是一直處在低迷的心情，而是斷斷續續、起起伏伏。或許是對於生活很有野心的緣故，努力付出過後得不到結果、甚至得到了很糟糕的結果，就足以讓我感到失落。總覺得越是努力付出的人越需要有一顆強大的心臟，去面對生活所帶來的衝擊。

不過，縱使低落的心情無法改變，近年也學會了用另一種角度與心態來看待，每當自己掉入低潮，我都叮嚀自己要比上次再堅強一點，畢竟人需要成長，即使無法完全駕馭悲傷，也不能原地踏步，因為我也恐懼每次經歷這些，卻沒有任何成長。

相對地，我也感謝這樣的低潮波段，可以看清更多事情，「患難見真情」是真的，人在發光與快樂的時候，身旁的大家樂於接收這樣美好的情緒，可是，並不是所有人都能承擔悲傷負面的破碎。低潮是一個很好的機會，讓我們認清楚誰才是願意陪我們走更遠的人。我自認不是一個輕易掉淚的人，就連看催淚的日本電影也幾乎不為之動容。僅僅在一次非常委屈的時候，我打電話給一位朋友，在話筒前放聲大哭，現在回想當時的情況，想必對方應該嚇呆了，沒有幾個人見過這種模樣的我，可即使是這樣，他也還是冷靜地傾聽，並且給予陪伴。直到今天，他也還是我的一位最要好的朋友，這樣的共同回憶讓我們即使後來久久才見一面，但關係也不曾有半點生疏。

除了認清楚與人之間的關係，低潮也同時會讓我反思想要過什麼樣的人生。幸福的時候，我們總希望時間能停留在那一刻，好像就這樣活一輩子也可以；而低潮的時候，則是驗證一個人還有沒有足夠的熱情往上前進，像是警惕自己，不該因為成就感改變原先定下的方向。

沒有成功便比較不出失敗；沒有悲傷便比較不出快樂；沒有低潮便比較不出幸福。

低潮是人生避免不了的事情，只要我們認真對待生活，對生活依然擁有期許，那麼負面便是一種人之常情。關鍵並不在於如何避免低潮，而是要學會張開雙手擁抱低潮、與它共生，最後總是能度過的，我們不過是正處在迎接下一段閃耀之前的暗黑時刻。越亮的時刻，越是有暗黑的影隨侍在側。

解脫是一種心態，
學會真正的放棄也不是那麼容易，
如果真要「在乎」其實也不會影響結果。
與其要生要死，
不如想想明天要吃什麼。

「在對的位置謹慎，而不是為所有的一切都小心翼翼。」

才剛在社群媒體上發出貼文，便開始不斷地重整來追蹤按讚成效，容易緊張的我留意了五分鐘，然後深深嘆了一口氣，「最近好像按讚數變更少了」，某個程度來說，這樣的自己是有點病態，但我想對於一個苦心經營、認真付出的人來說，會在乎自己的工作成效一點也不奇怪。

這種追求更好回響的心態，讓我在很多事情的處理上都變得小心翼翼，深怕自己一個不以為意的小動作，便會毀了我所期待的結果。

之前在跑音樂宣傳又或是參加歌唱比賽時，總會跟著兩位夥伴一起行動，而我都是那個負責提醒的角色，叮嚀大家要說什麼話才得體，哪些肢體動作不要做，害怕一個輕忽的細節就會影響別人對我們的印象。而他們總是說我多慮，事實上也是如此，現在回想起來，那些顧慮也都只是雞毛蒜皮的小事，儘管處理得多小心，也沒有因此而額外得到些什麼。

在感情上也不例外，我面對在意的人也總是小心謹慎，腦海裡的千百種想法都在猜測對方的心思是怎麼想的。有了簡單的對談，表面平靜，但心底卻是喜怒哀樂齊發，深怕對方的一點冷淡表情，是因為我的表現不夠完美。然而，對方根本不曾在意，甚至沒有留意到這一切，結果在自己腦中風暴了一場，也沒有實際獲得些什麼。

現在回想起來，我懊悔著過去的緊張兮兮，畢竟那些事情最後的發展根本與我的小心翼翼毫無關聯，甚至，這樣的心態不但呈現不出最好的自己，反而讓自己顯得分外生硬，或許也將當中更多的機會不經意地往外推開了。

後來，我提醒自己要牢記跟專注於每一個決定的初衷，論文章創作，我要的不是大紅大紫，而是自在地寫下我想說的話，安慰也好，反省也好，按讚數並不影響我真正所在乎的；論做音樂，希望能將觸動自己的想法注入在作品中，我相信能感動得了自己，便一定能感動一些人；論談感情，我希望彼此能在對方面前自然地做自己，互相包容。

當初衷更堅定了，人便不會輕易動搖，也能好好當自己，在對的位置謹慎，而不是為所有的一切都小心翼翼。

「好朋友之間，不需要半點承諾，就會踏實地愛你。」

看著桌邊的一張拍立得照片，上面是我和三位朋友的身影。我把它放到掃描器，將照片製作成Instagram貼文，寫下了一段話：

「友誼，是你不僅相信，甚至知道對方的真誠，安心且沒有猜疑。」

我還記得當時的情景，是在幫其中一位好友歡慶生日。我們在餐桌上閒聊起自己的生活趣事和最近的狀態，有那麼一瞬間，好像所有生活上的煩惱事，只要進入了我們這四個人圍起來的空間裡，一切都變成了輕鬆的玩笑。

是的，這就是我心裡一直相信著，友誼應該要有的模樣。從開始經營社群媒體時，不乏有讀者來詢問我「什麼是友誼？」、「好朋友的定義」等關於朋友的問題，對此我有自己的一套看法。

我想，友誼是世界上人與人之間最純潔的關係，能夠帶給自己的感動完全不亞於親情和愛情。親情和愛情都容易因為承諾而被束縛，家人是從我們出生就被決定好的，沒有什麼選擇；愛情也會因為一句「我們在一起吧」的承諾而帶來負擔和壓力。但友誼不一樣，那是自然而然因為興趣、喜好、頻率相同便走到一起，不需要承諾山盟海誓，卻彼此甘願維持這樣的親密關係，在這樣的小世界裡盡情展現自己最自在的樣貌。

親情與愛情同樣可貴，只是那種出於保護對方的自然反應，有時候反而容易折了對方的翅膀，阻止對方走上自己認為是錯誤的道路。而友誼卻是最能推動成長的關係，在想要冒險的時候，朋友會在旁邊鼓勵、支持，即便我的決定他們未必認同，但他們總是能在我犯錯後反省時，就靜靜地或吵吵鬧鬧地，給予那不過熱的陪伴；只要是我想嘗試的，他們都會無限贊同，讓我放膽嘗試。因此，我可以毫無顧忌地向他們分享一切自己想得到的事情。

朋友，是你不一定會依賴他們，但是如果有一天需要時，絕對是值得信賴的，即使他們今天對你撒了謊，你都會相信，背後一定有其用意在。也因此，聽到讀者們口中說的「朋友」，對自己忽冷忽熱的、因為別人而疏離自己的、不能互相信任的，在我眼中這些都不算是友誼。

在我的人生裡，很多難關是有這些朋友們陪伴而撐過來的，他們讓我清楚知道並確定友誼應該要有的模樣，我很愛他們。

「人生就像種樹，你不知道哪一天會有回報。」

「好天打埋落雨柴」是一句廣東話的俗語，意思是好天氣時更應該要多儲一點木柴，這樣也能讓自己順利度過下一個雨天。

我很喜歡反省，反省任何事情，之所以開始文字創作或許也是為了反省。有時候，別人傷害了我，我也在反省自己，有些朋友對於我這樣的行為感到不解，明明是對方犯的錯，反而是受害者在自我檢討？我並不是在乎對方的動機和心態而反省，相反地，我在乎我自己，我希望下一次的自己可以表現得好一點，愛惜自己多一點，盡可能避免再次受到同樣的傷害。畢竟對方是好是壞，會全心付出還是變心愛別人，我們無法控制，能被改變的，只有我們自己。

正因為這種渴望每次都能有一些改善的性格，造就了我對任何事情都放在心上。可能有些人的標準是合格就好，而我就會鑽牛角尖，希望能更好，這種過度積極的個性其實沒有意義，而且不討喜，會讓人感到負擔，到底自己在積極些什麼，別人也搞不懂。特別是在群體工作的環境中，總有人希望平安度過每一天就夠了，於是那些鋒芒畢露的人對他們來說便顯得太過做作，就我的觀察，想安然度過每一天的人佔了大多數。

儘管如此，後來我才發現自己如此積極是有原因的。那些得過且過的人，看見的是現在，而積極的人不僅是看著現在，同時也放眼未來，那些比及格分更多的耕耘，都是在替看不見的未來打算。有人說「努力的人運氣不會太差」，在低谷的時候把自己拉回上坡的，難道僅是運氣嗎？不是的，因為努力就像在任何時候播下的種子，或許不會每一顆種子都順利成長，但是總有幾次低落的時候，會發現過去的種子長成了大樹替你擋雨。

「還沒有辦法解決的事情，那就先擱置一下。」

世界之所以殘酷，不是因為我們手上沒有什麼，而是即使我們拚盡了全力，還是無法得到想要的東西。感情就是最好的例子，當對方不再愛了，不論付出什麼也是徒勞，愈努力爭取，反而愈把兩個人的距離拉遠，心心念念著對方卻無能為力的感覺令人煎熬。後來才發現，唯一能做的便是抽身離開，不打擾對方，讓關係不再惡化，也留給自己一點尊嚴。

人生中無法勉強的事當然不只感情，工作和夢想也是一樣的。就像是寫書這件事，儘管我已經安排兩到三天必須寫出一篇文章，但在靈感拒絕來訪的日子，即便已經花了五個小時全神貫注地坐在電腦前，一天結束時，依舊無法寫出半句話來。像這樣的事情每天都在發生，對從事創作的人更是家常便飯。

這時，我們所能做的便是調整自己的心態，告訴自己，與其花時間糾結在暫時無法解決的事情上，不如停下來做其他更有效益的事。人生的經歷往往是由主動與被動組成，主動是我們如何努力爭取渴望的事物，被動則是上天給予我們的天賦和安排。如果一切都必須靠我們自己主動，人生就不會過得這麼精彩，因為很多事其實都是意料之外帶來的美好。就像我總記得自己在中學時的英文非常爛，但在高中時遇到一位教學很認真的英文老師，讓我開始愛上英文課，也讓我開始認真讀書。這就是被動的際遇開啟的契機，主動當然重要，但少了被動，人生就少了驚喜，學習順從命運給我們的安排也是人生重要的課題。

後來的日子裡，我幾乎不會再要求自己這輩子一定要達成什麼成就。人都會改變，我們所追求的，往往只是當下的渴望，誰知道接下來的日子裡，我們會遇到什麼樣的事情，變成什麼樣的樣貌呢？於是過往花了很多力氣執迷不悟的，或許在未來的自己心中，根本無法佔據一席位置。

現在的我，會把握有靈感的時候努力創作、沒靈感的時候便練練吉他、運動保持身體健康，又或是嘗試一些新的體驗。若是發現自己什麼都做不了，就停下來好好休息，看看電影、吃吃垃圾食物，既盡全力主動去做，也張開雙手擁抱被動。

我想最好的心態不過就是這樣，擁有什麼便珍惜什麼，有喜歡的事情便追逐看看，嘗試過後，剩下來的交由命運安排；還沒解決的問題，或許真的不存在答案；無能為力的事情，先把它擱在一旁；感到疲乏的時候，便停下來休息。

或許哪一天，當我們變得夠好，真正屬於我們的邂逅就會抵達，糾結許久的問題也終於得到了答案，耗盡的體力得到回復，創作的靈感也蜂擁而至。有些時候，聽天由命反而是最好的選擇。

現在還沒有答案的東西，
也許就適合擱置在那邊。
未來會發生的事情你預計不了，
說不定，明天就出現一個人、發生一件事，
所有東西又回到軌道上了。

「成熟是想追究，但能夠不追究。」

我常覺得，兩個人的相處並不會因為在一起之後就停止，探索彼此是一輩子的事情。但要維持下去，最難捉摸的是人善變的心，今天鍾愛的事情並不代表永遠都愛，也有可能因為一件小事而改掉了長久以來的習慣。我們每天都在成長，或是說改變，例如，轉換工作環境，認識新的朋友，遇見一齣電影等，任何一件事情都可以影響一個人的想法。想要徹底了解一個人，幾乎是不可能的事情。有時，你認識的這個人可能到了明天，就會出現些微的不同了。

當某個人從自己的生命離開，你可能就會猜測對方怎麼了，這樣實在太累，如果你是習慣找理由解釋的人，千萬不要把對方離去的緣由，怪罪在自己身上。

我有一個女性朋友最近很沮喪，是因為她的約會對象。她與這個對象相處了一段時間，卻在某次的約會之後，發現對方取消關注了她的社交軟體，再也沒有任何聯繫。我的朋友自尊心很強，她不想追問，既然對方選擇這樣的離開，那麼死纏爛打只會顯得自己更加狼狽。但，心中問不出口的問題，卻在她身上發酵了。

她開始自問自答，是不是哪一天的話題，她沒有接好球；是不是在聊天的場面上，沒有展現風趣的一面；還是哪一次飯後的接吻，因為自己的口臭，產生了不好的印象……她列出了千百種可能，毫無止盡的反覆自省，她在意了，她走不出來了。最終事情並沒有什麼結果，因為沒有直接詢問對方，為什麼會突然失聯也終究是個謎團。

這並不是什麼新鮮的愛情故事，而是你我都曾有過的經驗，把想不通的事情都怪罪到自己身上，其實，這很委屈自己。只要我們沒有得到對方親口說出的答案，那麼，所有內心的想法都只會是猜疑。我想，世上最可怕的便是人的想像力了。

並不是任何事情都能夠得到一個答案，也因此，我總會告訴自己不要習慣性去責怪自己，萬一對方的離開就只是因為突然不想談戀愛呢？又或是，發現自己還是忘不了前任呢？這麼多沒有依據的假設聽起來很像廢話，對吧？那麼，責怪自己的那些假設又何嘗不是廢話呢？

我曾經寫下：「成熟是想追究，但能夠不追究。」天下最傻的事，便是我們強行去追究因由，但只要是關於「人」的事，那些原由根本不重要。

因為人每時每刻都在變化，我們幾乎沒有能力去猜測對方心裡的想法，其實出路就只有兩種，一是勇敢地向對方提問，了解對方目前的想法是什麼，二是如果沒有辦法得到答案，便學著不要去追究，因為只會苦了自己，也無法改變什麼。

「雖然無法做到熱愛的事，但你的擅長會觸及不一樣的世界。」

我小時候非常喜歡玩線上遊戲，坐在電腦前一整天也沒關係，跟大家組隊聊天、打怪升等，感覺充實也愉快。長大了，進入社會工作後，因為接觸更多有趣的事物，於是線上遊戲在我心中被排到很後面，也漸漸淡忘了。

還記得當時愛玩的是冒險類型線上遊戲，每種職業角色都有自己的初始天賦，像是戰士的力量值較高，而法師的智力值比較高；戰士總是以近距離的戰鬥為主，法師則擅長運用法術站在遠處攻擊敵人。玩家在玩的時候，除了初始天賦，還可以在提升等級時依照自己的喜好逐一累加天賦，每個人玩到最後，即使最初都選擇同一個職業，但日後發展卻是不一樣的定位與未來。

遊戲就像是社會的縮影，我們在成長中難免要面對「擅長」和「熱愛」這兩件事情，尤其是選擇大學和工作的時候。也許是因為自己選擇了創作、表演做為事業目標，發現這是我所「擅長」的事情，這或許就像遊戲裡的「初始天賦」。恰巧身邊很多朋友都是投身於藝術行業，於是，到了二十多歲年紀後，看著同年齡的其他人已經找了一份工作安定下來，決心和自己的摯愛共度一輩子，而在我的社交圈還是充滿了熱血、與生活抗衡的氛圍，想著到底要選擇麵包還是夢想、要留在高薪的工作裡，還是離職去開拓自己的事業。所以，「擅長」和「熱愛」的抉擇是我最常聊到的話題。

有人說：「擅長的事情不一定熱愛」，熱愛會驅使我們愈來愈熟練一件事情，但不一定會使我們擅長一件事情，例如我喜歡音樂，也花很多時間在歌唱上，但這並不是我所擅長的，創作才是我擅長的，相對於歌唱，我有更高的領悟力在創作上。

世界上的選擇有很多，幾乎沒有界線，只要你喜歡的，都可以盡情嘗試看看，可是，人的天賦有限，想要擅長的事情剛好又是自己所熱愛的，機率其實很小。以前的我總會認為這樣的事實很殘酷，如果喜歡會計但是常會粗心大意，又或是喜歡音樂卻五音不全，那很容易會讓人在發展中感到氣餒。但，每個人生來都是獨一無二的，即使擅長的並非自己所熱愛，但可以透過長處去認識不一樣的自己，不是也很好嗎？

不要總想著世界對自己的不公平，執著為何有人的「擅長」與「熱愛」可以兼得？「擅長」像是一份禮物，當中包含了學習天分，人之所以可以獨一無二，是因為我們可以借助所擅長的去追尋所熱愛的，這樣下來，每個人要走的路便可以完全不一樣，就像是同樣喜歡音樂的人，有些人演唱，有些人編曲，有些人則會作曲作詞，每一個人都可以運用自己擅長的方式去熱愛同一件事情。演唱、編曲、作曲作詞都是前人留下來的標籤，只要不預先替自己設限，甚至可以觸碰得更多。近幾年多了一個名詞叫Slash——斜槓青年，代表一個人可以有不同的身分，你既可以是一位蛋糕師，也可以是一位業務員或紋身師。我也漸漸開始不去深究自己是一個怎麼樣的角色，只要是我有興趣的事情，我都會試試看，試著用自己的專長，再加上奮不顧身的努力，看看會釀出一壺怎麼樣的酒。

現在的人們，總是在表達自己想要什麼，卻不問自己需要什麼，知道自己喜歡什麼，但不懂自己擅長什麼。親愛的，我希望你不要過於執著一定要得到什麼，因為這個世界比我們想像的要有趣得多，當眼睛過於專注凝視著一樣東西，周圍的景色都會變得模糊，我們也可能會錯過了更多有趣的事。

這個年代，斜槓生活成了日常，
別以為自己始終只愛一件事就會做得好，
別人可是比你同時顧及更多事情，
卻也都做得比你更好。

「陪伴，是用自己的圓滿，修補對方的遺憾。」

每個人出生時都是一張白紙，這是我們最相像的時候，所有人都會因為餓肚子而哭鬧、因為一個鬼臉而嘻笑。長大後，有了不同的性格，喜歡不一樣的東西，愈來愈了解自己獨一無二的樣子，開始追求渴望成為的模樣。不一樣的興趣、不一樣的工作、不一樣的目標等……，慢慢的，我們不再相同，為了各自的生活勞碌奔波。對於這件事情，不知道你會不會跟我有一樣的想法：「人是孤獨的。」

從前，我一直都是這麼認為的，更覺得這是理所當然。離開校園生活以後，這種感覺愈發強烈，一個群體，每天都有人來來去去，幾乎很難再找到一個能陪在自己身邊，看著自己成長的人。如果沒有人能共享我的經歷，又怎麼能有人體會我的情緒呢？不管是開心難過，即使分享了自己的感受，還是能感覺到心裡的空洞。因為我知道，就算用上再多的形容詞描述這些故事，對方仍舊無法真正體會到我的快樂與憂愁。為此，我花了好長的時間思考，到底「陪伴」是什麼？如果人與人之間本來就隔著一道牆，不能互相了解，那陪伴又有什麼意義呢？

後來的某天，心情不錯的我決定在社群媒體上直播，為大家提出的問題說出自己的看法。當天大家的提問都非常無助，與我的狀態儼然成為對比。有些人因為找不到人生意義而絕望；有些人因為剛結束經營多年的感情而煎熬；有些人因為失去摯親而悲痛。當時，我真的好想擁抱這些悲傷的靈魂，替大家分擔一些痛苦。只是隔著螢幕的我，就算伸出手也難以觸及，更不用說該如何改變這一切了。

這樣的念頭促使我拿出吉他和錄音器，記下心中零碎的想法，雖然試著想理出什麼道理，但心中就只有想要陪伴對方，伸手拉對方一把的感受。這些感覺便成了歌詞：

回憶難免是殘酷
地球不會因為你淪陷而暫停
但我可以
我會牽著你
孤獨也有我一起
不多的勇氣
讓我分一半給你

我想永遠沒有人能真正體會我們的感受，這是沒有辦法改變的殘酷事實。只是，當孤獨的靈魂聚集在一起，人便不再孤單。那些愛你的人，即使不能理解你的悲傷有多悲傷，但他們總是希望你獲得幸福，也願意陪在你身邊。你們之間的感情建立了一股橋梁，讓他們的心意渡橋傳遞而來，給你一股力量，在自己的世界裡重新振作，繼續走下去。

「一個人走得快，一起走走得遠。」或許，陪伴的意義，不是要對方完全理解自己。陪伴的意義在於，即使無法懂得對方，也會把對方放在心上。每個人都面對著獨一無二的挫折與失落，但也正因為彼此的悲傷不同，我們才能用自己完好無缺的部分，修補對方缺失的部分，而我們遺失的，也同樣能被對方所修補。這樣的陪伴，讓我們能夠在各自的世界裡堅持，試著好起來；讓我們能在平行的道路上，跟對方並肩走下去。

也許我無法體會大家的一切，對各自的經歷一無所知，但最親近的人也不見得就能理解自己，也不需要是身邊的人才能給予陪伴。不一定要刻意用言語來安慰，也不一定要坐在身旁，只要心裡有對方，便是陪伴。今天的我，只想要讓大家知道，如果需要，我永遠都會在這裡，也許無法替你解決問題，但我會成為你的陪伴。

曾經在訪問時被問到：「你覺得是什麼支撐你持續向大家分享創作？」這是我的回答：「我覺得自己一路下來與大家建立了心靈上的聯繫，雖然沒辦法實際參與每個人的生活，但是透過文字與音樂創作，讓很多孤獨的人聚集在一起，共鳴彼此的感受。在各自的生活裡、經歷中體會到一樣的喜怒哀樂，有了這樣的聯繫，便想開始陪伴彼此。我想繼續分享我的創作，是因為想繼續陪伴那些跟我一樣孤獨的人，就像他們也在我低落時陪伴我，給予我好起來的動力一樣。」

- 為你點歌 -

〈陌生人〉
蔡健雅

〈給十年前的我〉
余苾欣

〈遇見〉
孫燕姿

〈Only Love〉
蔡健雅

〈尚好的青春〉
孫燕姿

〈A Thousand Years (Lullaby)〉
Christina Perri

〈我好嗎〉
梁靜茹

〈一千零一次人生〉
林欣彤

04.

借冒險爲由

其實沒什麼好從頭來過的
錯了就是錯了，出糗了就是出糗了
如果每次都是重新開始
那我們要多久才能抵達終點呢

#自己

「坦誠地面對自己，不管是氣質，還是庸俗，都是獨一無二的。」

我一直認為，每個人都有優缺點，有正面負面，有氣質面，也有庸俗面。好與壞的定義往往是錯綜複雜，難以界定。

熟悉社會規範的人們，肯定會遵守這個世界所定下的規定，例如，開車不能闖紅燈、即使對方是錯的，不能動手打人等。在感情世界裡，對人要一心一意；在外貌的評比上，大概也有大眾準則。

開始創作以來，身邊的朋友都覺得我是「心靈至上」的人，當大家都在情慾中追逐的時候，我彷彿不食人間煙火，或許也因為我跟前任交往長達五年之久，橫跨了整個大學的時光。在朋友群中，大家都眉來眼去尋覓一段轟轟烈烈的感情，而我就像一個旁觀者，看著大家在情海中翻騰，有人不小心暈船落海，而我協助打撈上岸。

我有一群朋友非常熱愛社交，他們不時會整群出動一起去「獵食」（我實在找不到其他更優雅的詞彙，但這個詞十分貼切）。他們最常聚在一起的地方就是夜店，然後從中找尋目標，看哪個目標最聊得來，又或是最容易被「撩」起來，便與對方共度一個夜晚。他們最常在我面前說著，哪個晚上好刺激，情節有多麼好笑，又或是各種的尷尬場面。

有趣的是，「情慾」在學校裡是避之若浼的題目，從來只有人教我們要專一，卻沒有人指點我們要如何面對各種引誘。因此，我最欣賞這一群「獵食」系朋友了，他們是坦誠面對自己需求的人，他們認真時認真，玩樂時玩樂，是我心中及時行樂的代表，只是這樣的糜爛生活，難免會被其他人形容成庸俗。相較之下，我有時候會反省自己，被視作有氣質是因為我不食人間煙火，還是我「不敢」食人間煙火呢？

大家總說，要為青春留下一些瘋狂的回憶才不算白過，這就好像陳綺貞的一支MV，裡面的她卸下濃妝豔抹，彷彿是經歷過繁華而想回歸到平淡。近幾年，單身的我為了想要找到更好條件的對象，而將心思花在穿著與健身上，因為外表與內在同樣重要。直到有一天，向朋友分享自己為了想要找好對象而著重外表時，對方卻表示：「我覺得這樣的你開始有點庸俗了，你變得像是我認識的其他人一樣，我比較喜歡以前的你，單純也有氣質一些。」或許，我在某一方面開始慢慢變得庸俗，那是因為從前的我自卑於自身的外在條件，於是對別人宣稱自己不曾在乎對方的外表。但今天的我想要再對自己坦誠一些，我想要把所有想做的事情都努力追逐看看，無論那是外表還是內心，是優雅還是庸俗也好，體驗過後再來決定是去還是留，這才是我想要的青春。

為什麼我一定要與別人不同，那就是所謂的「氣質」嗎？我也渴望能跟別人一樣，難道這就是「庸俗」嗎？每一個人都有很多面向，參雜著優雅與庸俗。最重要的是，我們如何坦誠地面對自己，清楚體會並愛上自己所做的每一個決定，然後堅定地做自己，無論是氣質還是庸俗，只要不懂得欣賞自己，那都沒有一絲意義。

以前沒有孤獨感，
純粹只因為我們不了解自己，
活得像別人一樣，又或是說，
以前的我們其實就是別人。
今天當我開始了解自己是誰，
我也願意領回這份孤獨感，
親愛的，獨一無二的代價正是孤獨。

Beautiful
days
with you

「大家的目光從來都不在我們身上，在別人為我們套上框架之前，更多時候是我們先給了自己框架。」

有一天在滑Instagram時，看到了一位創作人朋友推出了自己的歌曲，從作曲作詞編曲監製，到錄音和演唱都一手包辦，實在太為她開心。不是她變得愈來愈厲害，而是我看得出來，她終於找到了自己。

這位朋友是我剛開始音樂創作時，在某一次比賽上認識的，我對這件事情非常深刻，因為她當時表演的創作曲叫做〈陌生人〉，那跟我很喜歡的歌手蔡健雅的經典歌曲是一樣的名字。不得不說，她寫的旋律是在我認識的朋友中寫得最動聽，而且是我寫了一輩子都寫不出來的。不論是大大小小的音樂創作比賽，我們都會看見彼此的身影，也因為這樣就成為了朋友。

她勤於創作，寫歌的時候還會鑽研很多技術上的細節，渴望能寫出好的作品，她有簽給一家音樂製作公司當創作人，難免會給自己更高的要求和壓力。記得有一年她在各大比賽上都沒有得到獎項，這讓她很氣餒；同年的年度大型比賽中，她也沒有得到亮眼成績，絕望的她在後台為了自己的不爭氣而落淚，還想要放棄寫歌。我費盡了力氣向她表達我內心是多麼欣賞她的才華，只是絕望的人就像是眼睛被遮住了，看不見自己的美好。也因此，往後的一年多都看不見這位朋友的任何作品。

直到前幾天，她在網路上分享了一首全新的作品，名字是〈給十年前的我〉，旋律依舊優美，而且是她自己唱的，過去她很抗拒自己的聲音，都由別人來演繹。聽完以後，我立刻留言：「很開心你終於回來了，而且還帶上自己的聲音，真摯簡單又令人喜歡。」

「我已經一年半沒有創作了。」她回覆道。

「我覺得你過去太在乎別人的看法了，只要順從自己的心，做出你認為好的東西就好了。只要做出能感動自己的事物，也一定能感動到其他人，雖然並非所有人都能感同身受。最重要的，是我們不要為了滿足別人而冷落了自己，消磨了熱情，便違背了當初開始的意義。」這番話應該是我第一千五百遍對她這麼說了。

「我一直很欣賞你對自己作品的自信，其實你是對的。這一年半下來我看開了，以前的我認為好與不好，應該要由成績來定義。今天這首歌是為自己而寫的，我發現當一切都放下了以後，便少了限制，我可以隨心所欲讓歌曲變成自己喜歡的樣子。」她補充。

這幾天，這段歌詞一直在我腦中浮現：

你會發覺很在意的那片海
隨著黃昏慢慢老去 變得不怎麼可愛
關於未來請小心翼翼的期待
或許最美好的是現在

時間可以讓人看淡很多事情，固執的心敵不過溫柔的四季。往往我們都太在乎別人的目光，然而，大家的目光從來都不在我們身上，在別人給我們框架之前，更多時候是我們預先給了自己框架。從頭到尾，其實也只有我們不願意接受自己而已。

天下有千百款形形色色的人，
即使沒有了你也會很精采，
所以你不需要自以為重要，
去滿足所有人的期待，
你只需要顧及你自己是否覺得快樂便可。

「我慢慢能體諒自己成為了另一個人。」

我們都曾寫過「我的志願」，你還記得自己當時寫了什麼嗎？回想這一路上的跌跌撞撞，你追到自己最初的夢想了嗎？或許有人可以，但，這並不發生於我和我身邊的朋友身上。

中學時，有一次電視在播的旅行節目介紹到瑞士，他說這個地方盛行觀光業，因此很多人都讀觀光系，這也是我第一次知道這門科系。我對它充滿憧憬，因為看到在飯店裡工作的人好專業、談吐也十分有禮，而且當時自己擅長英文科目，面對來自不同地方的旅客，應該不成問題。也因此，當時很快便立志要考上大學的觀光系，沒想到學業也算一路順遂，考進了本地的旅遊業大學。

只是，我在大學期間慢慢發掘不同面向的自己，例如，大二一頭栽進了音樂圈，開始了音樂創作這條路。大三實習時，順利進入飯店工作，但有趣的是，這明明是我的夢想，卻發現自己的內心更嚮往的是需要投入創意的工作，於是在大學畢業前便完全放棄了想要在飯店工作的想法。

人生很有趣，原先的夢想可能會隨著路上遇到的人事物而改變，進而找到屬於自己的道路。而且這些歷練，也會讓自己知道內心想要的是什麼，為了夢想所要付出的代價又是什麼。有些人小時候想要當甜點師，可能是看到電視劇裡的甜點師，在明亮設計的店面，做出五彩繽紛的蛋糕，看到顧客幸福吃下的神情，讓他們一眼愛上。只不過，隨著一天一天的長大，我們看見的世界逐漸拓寬，接觸越來越多的人，慢慢發現想要成為甜點師的過程，其實並不簡單，因而選擇放棄。我並不覺得可惜，反而認為能看清自己想到的，豈不是更好？

小時候的我在看待夢想時，會將其視為一個人生的終點，依此決定該怎麼去生活來觸及這個目標；可是，當我長大時，發現夢想不再是終點，它是可以變動的，而且這趟追夢的過程，都會是未來能提起的回憶。

成長不一定如大家所說的那樣殘酷，雖然這趟旅程有可能會改變我們最初的模樣，甚至，還會變成當時所討厭的模樣，雖說初心永遠是對的，只是最初想要的並不代表以後的我們也會想要。

成長是讓我們在過程中慢慢了解世界，也了解自己，打破幻想，雖然我會成為另一個人，但，我更能體諒自己成為另一個人。

別人感受到的輕盈，
是你在看不見的地方一肩扛下。
我知道你很吃力，是成熟讓你想要咬牙硬撐，
但，別因為急於成長就遺落了自己的心。

「變得更好，最終是為了更靠近我們所喜歡的自己。」

過去我總認為讓自己「變得更好」是人生的意義，每當朋友因感情受挫而來詢問我意見時，我總是會說讓自己變得更好，也就會值得更好的。因為當自己變得更好時，回頭也只會笑笑當初為了小小事情而委屈到哭的自己。但，當自己變好了，真的就會找到更好的嗎？這個世界很少會有Perfect Match，於是追尋是不會停止的。直至近年，我對「變得更好」有了更深入的體會。

今年我開始去健身房，至今已維持了一段時間，體態上也有明顯的變化，雖然還不到一年，卻也讓同事們注意到我的不一樣。有一天，一位同事問我：「我問你喔，你有因為自己的體態變化而獲得一些追求者的青睞嗎？」

因為我的外貌而吸引一些追求者嗎？答案是有的，只是儘管多了對象，但仍然沒有因此展開新的戀情。對我而言，談一段感情，並非像是買菜東挑西選的，不是在人群裡挑選最好的條件就可以了。我反而覺得，對象一多，只會擾亂一些細緻的感受。自己也會思考對方接近的動機為何，沒想到，變得更好，反而比以前更加小心翼翼地與人相處。

我在健身房裡，也在觀察一件事，來這邊健身的人，有的希望變瘦，有的希望變壯，有的只想增重，有的是專注提臀，有這麼多不同目標的人，他們都只專注在「讓自己變得更好」，所付出的努力，其實就只是為了成為喜歡的自己。

人生也是如此，過去的我很好，今天的我也一樣好，明天的我想要做出任何改變，也依舊很好。每一個人都值得被好好對待，只不過那個「好」並不是由外人來評斷的，也沒有什麼準則。那個二十歲真誠地談著戀愛的自己，也有過覺得幸福、被真心愛著的時候，並不比現在的我差。說實話，在某些晚上，我還滿懷念過去的那個自己，只是，我更愛現在的自己。

我們一路走過所做的改變，都是為了達成心目中的更好，更靠近我們的心之所屬。每個人都有自己所嚮往的樣子，也有適合自己的樣子，而當人愈來愈懂得欣賞自己，對於所做的決定會感到更堅定，也不再因他人的一句話而糾結於心，只要人喜歡自己，那便是最好的樣子了。今天所做的努力都是為了被自己所喜歡，人便不會再像是無頭蒼蠅般一味地想要變得更好，不再只向無盡的未來看齊，那Perfect Match的模樣自然也清晰了起來。

我總是喜歡把人生想成是尋找自己的過程，一路把屬於自己的碎片收集起來，漸漸地拼湊出自己完整的模樣。這樣一來，我們在尋找的都是屬於自己的事物，而不是盲目追求更好的事物。屬於我們的Perfect Match也一定會在某個角落等著我們。

人生的矛盾在於，
我們都知道，
每個人都有自己成功的方式。
我們要接受自己是一個怎麼樣的人，
同時，又不能夠滿足於自己是一個這樣的人。

「懂得害怕，只是因為你越來越成熟。」

「是不是人長大了便會顧慮很多？」直播時，有一位讀者對我提出了這樣的問題。

這絕對不是只有他才有的困惑，因為我也曾為此煩惱過。每個人在成長中，也一定經歷過如此迷茫的階段，特別是在某一天，你發覺自己無法再像以前容易勇敢起來。

我相信，當人長大，面對一些決定會多方思考，以求最佳的結果。以前的我，行動比思考來得更快，腦中浮現的聲音都是：「不如大膽地去試試看，不嘗試怎麼會知道結果呢？」可是，隨著年紀增長，身體的記憶讓我卻步，因為那些失敗經驗會來提醒我，之前就是因為魯莽而失敗……然後，原有的衝勁就會停下腳步，開始花時間思考與觀察，畢竟我們早已不年輕，無法輕易割捨什麼，或是失去什麼。

在我看來，徬徨、躑躅沒有什麼不好，它其實就是經驗的積累，當人越是成長，碰到的人事物越多，便能一點一點體認每個決定背後的代價和結果會是什麼，我們的遲疑只是不想辜負過去的努力。小時候的大膽和奮不顧身，多半是因為幼稚與無知，幸運的話，失敗的結果只會讓我們虛驚一場、悲傷一陣子；嚴重的話，可能需要耗盡一輩子的勞力、心靈來償還。於是，這些經驗和直覺便是我們做出決定時的養分。

但，有時再三思考不等於成熟，我也是看過朋友不停地觀察，結果錯失最佳時機的故事。真正的成熟，是我們能夠在不同的事情上，給予足夠的觀察並能在適當的時候做出果斷的決定。這讓我想起之前有人曾說過這樣的一段話：

「勇敢並不是我們從不畏懼，而是我們帶著害怕仍決意前行。」

與其說長大後的顧慮會越來越多，不如應該說我們越知道自己在乎些什麼。人越是大越難往前，因為當我們知道得越多，我們背負的也同樣越多，但如果我們能在知道一切背後的代價後，在恐懼下仍然願意往前，那才是真正的勇敢。不懂得害怕，我們就只是從前那個魯莽無知的小孩而已，不懂得悲傷，也就不懂得快樂。

「幸福並不存在於未來，而是在當下。」

你會願意為一個目標嘗多少苦頭呢？我很喜歡把自己逼到一個極致，是一刻也不得閒的人。疫情剛爆發時，公司為此關閉了一段時間，於是多出來的時間，我稍微規劃了一下，分配給休息、創作活動。很奇怪的是，明明是休息時間，想說來玩一局Switch，才玩了兩個小時心裡就已充滿罪惡感，所以又回頭創作，希望能讓一天不要被白費。

一直以來，我都是這樣生活著，深怕再不努力年紀就要大了，記得唐綺陽老師曾說過金牛座是不甘平凡的星座，總是想要不一樣的體驗，雖然我不太沉迷星座，但這句「不甘平凡」非常適合我。不想要過著與別人相同的生活，所以無法停下來，想要一直走，創造新的體驗。我很喜歡天馬行空的各種可能，也喜歡嘗試大膽做出新的決定。

大學時期，有人專心讀書，有人努力打工，而我則是專注創作，那時參加一些課外的音樂訓練班、音樂比賽，以及跑一些商演活動，想要用各種事情填滿自己的生活，因為要一直動、發想，才能看到不一樣的世界。持續到出社會工作了，也甘願如此，下班後又投入繽紛體驗，跑活動、做音樂、寫書、經營媒體、發想新企劃等。

「你同時間做太多東西了，應該要抽出一些時間與自己相處、休息的。」同事這樣苦口婆心對我說。當時我正在開心向她分享自己想做卻還沒試過的事情。

很多人都問我：你這樣快樂嗎？我可以大聲地說快樂，而且沒有一絲後悔。我覺得自己無法被滿足，總覺得我還不是心中理想的模樣。而被我當成目標的榜樣也還在追尋自己的未來，沒有停下來過，所以我也無法跟著休息。

人在不同的階段，會重新評估和調整自己的目標，這樣才能一直進步。自己也曾在夜深人靜的晚上，反覆思考這一切是否值得，努力沒有什麼不好的，只是一眨眼便是一年，再眨眼又是一年，時間過得飛快，再加上身邊的人來來往往，有些昔日的好友甚至都已經離開了世界，若是夢想等同於幸福，我們會不會還沒等到幸福來臨便先離開這個世界呢？我認為幸福不存在於未來，而應該是當下。

在未來，我們總會回顧過去是否值得。我曾看過有人辛苦一輩子就是為了買一棟天價豪宅，過程中不敢花錢而活得刻苦，為了未來的日子委屈了年輕的自己。我在想，假如今天的自己都不幸福、活得戰戰兢兢，那麼，未來的自己會是開心的嗎？未雨綢繆很重要，但現在的自己也同樣重要，請思考一下，現在的你是否真的快樂，為未來所做的付出，是符合未來的需要，還是超出了未來的需要，請不要為了夢想而盲目努力著。

若幸福真的如我所說，存在於當下、現在，那麼追求幸福的過程才是無價。假使現在的你覺得壓抑，不如開始做出一些改變，才能影響未來的自己。

你要非常清楚自己要的是什麼，
在還沒有到達目的地時，不要輕易落腳定居，
人生就只有一次，不要這麼早就抹殺未來的機會。

「學會說『更好』，而不是『不夠好』。」

如果你也是對生活充滿熱情的人，越是困難的挑戰，越想去征服，不難不愛，那麼，咬牙苦撐基本上是稀鬆平常的事，就連站在原地太久都覺得自己是否待在舒適圈？我就是這樣的人，每次想要達成更艱難的階段，往往挫折會先到來，面對長時間下來頻繁的起起落落，心情容易患得患失。到底，這樣的生活，我們應該養成什麼樣的心態來面對呢？

同樣的一根針分別刺在兩個人身上，一個人喊了出來，另一個人則默不吭聲，到底是誰比較痛呢？喊得大聲的人比較痛？還是一樣痛呢？我記得朋友回應說：「那是沒有答案的，說不定一樣的痛感，有些人覺得很痛，但有些人則覺得還好，追究誰比較痛是沒有意義的，個人感受才是最重要。」

前陣子看饒舌比賽節目，有兩位Rapper都唱了關於「做自己」的歌，第一位在歌詞裡把做自己形容得非常艱苦，背棄了所有人的期待只為了要成為獨一無二的自己，第二位則把做自己形容得非常輕鬆，不用管其他人的看法，就可以自在且歡樂。不難看出兩位都是非常有能力的人，雖然年紀很輕，但背後應該也是下了很多苦功。雖然一場光鮮亮麗的演出，無法真實呈現表演者的內心世界，堅強和軟弱、歡樂和悲傷都不過是節目效果，可是這兩首歌所呈現的對比，正好反映出面對同一件事情兩種截然不同的心態。

事實上，面對挫折肯定不容易，挑戰也不會有輕鬆的時候，人總是會往上看，知道那個方向有更好的自己、有更艱難的關卡正在等著。成長無法減緩任何痛感，面對世界時，能夠改變的就只有我們看待的心態。

過度努力的人容易對自己很嚴苛，就好比已經拿到95分的學生卻覺得自己很差勁，怎麼會算錯那一題，導致與第一名的寶座擦身而過。95分是一個很高的分數嗎？我想，絕大部分的人都會覺得這幾乎就等同於滿分。拿到95分不應該開心嗎，為什麼要沮喪？這是因為過度努力的人總是覺得自己「不夠好」。相反的，如果是一個成績普通的學生，偶然拿了一次90分，就已經開心得大叫，因為他們覺得這樣的自己已經「很好」。

面對同一個世界，好與壞都只是視角的問題，就算我們今天拿的不是95分，也不是90分，而是50分，道理都是一樣的，把失落轉化為快樂，那些曾有的努力不會白費。每當我們認為自己不夠好，都是在否定一直以來的付出，可是我們的成長都是因為曾經的付出，這些努力無論如何都是有意義的。

「不夠好」像是一種自我埋怨，埋怨過去的自己才是真正沒意義。更好的心態是，肯定自己的付出，認清自己已經做得夠好，若是還有進步的空間，代表下一次還能做到「更好」，把目光聚焦在未來，而不是苦惱過去。

成功的模樣，可能會跟我們想像的不一樣，
在努力的過程中，
慢慢認識自己可以成為怎麼樣的一個人。

「走得太快，一不小心就弄丟了靈魂。」

前陣子發現，身邊的朋友都很注重生活品質，晚上會在房間裡點起香氛蠟燭、選擇品質好的高價衛生紙，還會每個禮拜動手整理居家環境。有些讀者會認為：「這不是很稀鬆平常的事嗎？」可是，過去的我卻不認為這是值得付出心力的事。

回想自己一路走來的生活，確實是挺匆忙的。過去我總認為人生的價值在於追尋夢想，彷彿沒了夢想便是一條沒有意義的「鹹魚」，再加上過往的經歷告訴我，要達成夢想，就必須奮不顧身地付出。若是有鴻鵠之志，想做得比別人好，自然也要比別人努力，所以我把自己放在最後順位，為了善用一天僅有的24小時，生活品質這些享樂主義的事，總是最先被犧牲。生活過得有品質或許重要，但比起夢想卻顯得格外輕浮。

於是，我每天打卡上班，下班後隨意果腹便去運動，如果還有時間，就忍不住要在社群媒體上開直播，與讀者們唱歌互動。還有幾次沒注意到自己的狀態，結果因為太累而大走音，簡直愧對觀眾（雖然直播的氣氛嗨到最高點）。就算休假，除了偶爾約朋友吃飯敘舊，剩下的時間也幾乎被運動、練吉他、錄音、寫歌、寫文章塞滿。我把握每一刻，不願也不敢讓自己閒下來。生活有這麼多義務與責任要完成，背負著對自己的目標和期許，我心裡的負擔也一天比一天重。

要不是有件事點醒了我，或許現在還過著如此壓榨自己的生活。我記得，某天下班回到家，一打開門映入眼簾的是那間從出生以來就住到現在，從來沒有好好裝潢過的房間。牆上的油漆斑駁，還留著小時候不懂事的塗鴉、用了好幾十年的舊衣櫥、從中學睡到現在出社會的單人床，房間裡最昂貴的，就只有錄音器材。這個景象讓我意識到，明明總是叮嚀讀者要好好珍惜自己，但真正沒做到的，卻是我自己。

工作到現在，存款也是有一些了，是可以為房子做些裝潢、更換傢俱，不是做不到，只是我一直以來都認為這是不必要的開銷。但，那一天看到房間的樣貌，我突然在想生活在這裡的人應該很累吧，怎麼會透露出這種毫無餘裕的疲憊感呢？而我，就是住在這間房子的人。

到底，自己要這樣生活到什麼時候？就只能庸庸碌碌的在生活裡打轉，而這樣的我，是真的幸福嗎？

「走得太快，一不小心就弄丟了靈魂。」我想這就是當時的狀態，雖然身體還能負荷，但心靈早已超載。人生一輩子都在追求些什麼，一個目標達成了，緊接著的便是下一個目標，幾乎沒有結束的一天。有人說最珍貴的是過程，但我想，用什麼樣的狀態來支持自己去追尋也很重要。對生活充滿熱忱如我，總是滔滔不絕地表達自己想要什麼，卻不曾關心自己需要什麼，將休息視為示弱的行為，不管吃飯、睡覺，腦子裡想的都是工作。卻忘了每一個遠大的理想，除了是靠一點一滴的努力累積，還有要不時的補充能量，才能順利達成的。休息，也需要同等認真的投入。

之後，我決定從小事開始，重新學習放慢腳步，每個禮拜花點時間維持房間的整潔、睡前15分鐘躺在床上，播點音樂練習一下放空，甚至，我還買了知名品牌的蠟燭，為生活加入一點儀式感，這才發現，清香的味道其實很讓人放鬆。或許會有人覺得，這沒有什麼實質的效益，但你知道嗎？最重要的，是終於懂得騰出一些時間給現在的自己，不再一味為未知的將來擔憂，這種感覺很好。

人生有很多面向，幸福不是未來才能達成的願景，可以是由當下的小事所構成，因為當我們離去時，今天和明天的自己，最終都將成為回憶。

致那些，總是在為生活奔波，卻忘記要犒賞自己的人。

「感情裡的對錯，只看我們是對的人，還是錯的人而已。」

回憶是不會隨著時間流逝的，之所以是「回憶」，就是因為它將曾經的經歷轉化成記憶刻在腦海裡，隨時等待著我們回溯。長大，代表著更多的經歷與回憶，難免會因為不經意的小事而勾起更深的感觸。聞到熟悉的香水味、看見曾經共度晚餐的餐廳、收拾抽屜所意外翻出的手寫卡片，都會讓人想起曾經遇到的對象和發生過的事。

在某些獨自一人的深夜，也會不自禁地流連於過去交往對象的社群媒體，覺得放不下、不甘心，又或許是好勝心作祟，雖然知道應該成熟地祝福對方，但又不想看見對方過得比自己好。其實自己也清楚，一切都回不去了，或許我懷念的，是在分開時的他，又或是在更早之前那個讓我感到幸福的他。

每次回溯過去的一段回憶，我總是想到那一天，當我察覺到自己無法讓對方成為更好的人，甚至我再也無法欣賞他，無法與他共同看見未來，我便認知到自己也許不是對的人。秉持着「屬於我們的最終還是會回到自己身邊」的決心，我先提了分開，卻一度因為提分開的人是自己而覺得十分愧疚，特別是看到相處已久的伴侶罕見地落下眼淚，並訴說他過去總是藏在心裡的最真實感受，我的心也受傷了。我曾認為自己是狠心把對方撇下的人，我曾以為天下只有被遺下的人會覺得傷心，誰知道說分開的人也可以不好受。

雖然如此，但仍覺得當時的分開就是最好的結局，至少事實也是這麼證明了。因為他憑著自己的能力成了跟當初完全不同的另一個人，搬到了他一直憧憬著的城市，身邊是一群新的面孔。在這之前，我從來沒有察覺他這麼擅長社交，社群媒體上是他開朗的分享，還有從前的照片中不會出現的笑容。我不免會想，過去的我是不是成為了他的阻礙，但，感情不是一個人的事，而是兩個人的選擇，那幾年是我們共同決定要攜手度過的，也讓我們成長了許多。

只是，我不是能讓他展現最好一面的那個人。

曾經有人問我，感情中是否存在著報應？雖然很想說有，但事實不然，傷害了我們的別人，和傷害了別人的我們，都不會得到任何報應。不是正直的人就一定會得到幸福，因為愛裡的對錯，就只看我們是不是對的人而已。玩世不恭的漂泊浪子可以為了一個人安定下來、幾十年的老菸槍可以為了一個人再也不抽菸，自尊心強的人可以為了一個人放下身段。這世界，什麼樣的人都可以被改變，問題只在於，我們不是能夠改變對方的人而已。

於是，我們在這個路口走在一起，下個路口分開，帶走了一部分的對方，又留下了一部分的自己，然後在下一次邂逅中繼續學習，直至能以最好的樣貌迎接屬於自己的幸福。回憶成了這些路途唯一的紀念品，讓我們更成熟，不管是百感交集、模糊清晰，我們從每一段關係中成長、蛻變，都是為了迎接最終的「幸福結局」，而越來越多雋永的回憶，便是向前邁進的證據，追尋過去的回憶並沒有意義，有意義的，是回憶伴隨我們在未來做的每一個決定。

「我排著隊 拿著愛的號碼牌」——〈遇見〉孫燕姿

「幸福不是達成了多少成就，而是懂得先照顧好自己的心。」

人生智慧都是必須倚靠一些實際經歷才能真切體會，不知道是不是因為年紀到了，近幾年慢慢開始會察覺到身體的一些變化，例如，以前天冷時體感很鈍，於是在冬天還穿著短袖出門，所以總是會大病一場，也沒好好聽醫生的話，也不戒口，導致身體復原的過程總是冗長而緩慢。有趣的是，最近我總是能提早察覺自己口渴需要補充水分、睡眠不足使得喉嚨開始癢癢的便會先戒口不吃刺激性的食物、天冷了就會先加穿保暖的衣物……。可能是有之前的磨練，五感變得特別敏銳，比較能注意到自己細微的變化，有人對我說，是年紀大了，不像年輕時可以壓過那些不適，也可能是如此吧，但我更開心的是自己懂得呵護、照顧自己了。

雖然注意身體健康這件事，對於年紀稍長的人應該是稀鬆平常的事，只是身體健康應該分為生理和心理兩種，而我最有感的，應該是心理上的健康吧。

過去我一直想寫關於自己如何看待家人的文章，但「家家有本難念的經」，我也不例外，但真要說上家裡的事，又擔心會被當成討拍，只是在思考心理健康的變化時，就覺得我家的例子也滿值得參考的。

很多人都說家庭對孩子的成長是重要關鍵，以前的我很不認同，因為再幸福的家庭還是有可能會培養出壞人，再破碎的家庭也能成長出好人。

小時候的我生長在一個破碎家庭，因為父親外遇，每天晚上都會被父母親的爭執而吵醒。中學時，父親便離開了，在外組織新的家庭，而一起生活的母親便日日沉迷在酒精裡。之後父親患癌去世，又為了處理遺產的事情與第三者鬧得不可收拾。在這一連串的事情中，父母親都曾對我說過無法被修復的傷人話語。我總是對著自己說，愈是堅強的人愈值得更多的磨練，只要我不停努力地做好自己該做的事情，就能找到想要的幸福，這樣回頭看這一切都不算是什麼了。於是，我從不讓家裡的事情影響到自己的學業，盡情地發掘自身的興趣；進入社會工作時，也希望能多賺一些錢，讓自己與家裡都有更好的生活。

曾發生一件令我印象深刻的事情。有一天，我跟家人激烈爭吵過後，下一秒卻用彷彿什麼事都沒有發生過的口吻跟我當時的伴侶聊天，而伴侶給出了疑惑的表情，告訴我這樣的畫面實在好獵奇，而且又有點黑色幽默。我才知道，原來自己是如此的壓抑。小時候的自己就這樣一個人走了過來，也不知道該向誰求助，以為只能自己承受，於是獨自扛起糟糕的情緒、收起想找人搭救的手，然後就再也意識不到自己是需要別人幫忙的。

家裡的事情時不時就會冒出來打擾心情，直到最近一次嚴重的吵架，那種很壓抑的情緒又從心中湧了出來，可是，不一樣的是，我可以感受到自己正在掙扎，在受傷，於是我懂得喊停，不要讓爭吵的負面情緒倒回來。或許，正因為是年紀到了，我終於注意到自己心理上的變化，並想要照顧自己的內心。長大的我，也比較有能力去區分什麼是我該參與的，非能力所及的事情就該放手，也能分辨出哪些是情緒話，以及該怎麼討論才讓事情順利解決。

原以為努力追求自己所要的，達成一個又一個成就，就會得到幸福，只是我們在專注未來時，造成現在的負擔而不自知，幸福不在未來，而是現在。我覺得幸福的定義，應該是當一個人開始願意照顧起自己的心，把自己的喜怒哀樂當成一回事，並能夠意識到自己受到什麼而困擾，這樣才能真正感受到幸福。

今天的我總在叮嚀自己，把自己的感受放在更重要的位置，特別是有能力的話，要學習彌補那個受了傷的自己。

獨處的時光能教會我們什麼才是最重要的，

屬於我們的，最終還是會回到身邊。

一切自有最好的安排，

我們所需要的，就只是翻開劇本下一頁的勇氣。

茫茫人海中，要找出那個人不是天方夜譚，
只要看一眼，你的心就會告訴你答案。

願你能戰勝恐懼與慾望，
讓無法挽救的失去成為依靠，
使自己再次看見窗外的風和日麗，
即使被世界殘忍對待，也不要殘忍地對待自己。

有人說「努力的人運氣不會太差」，
在低谷的時候把自己拉回上坡的，難道僅是運氣嗎？
不是的，因為努力就像在任何時候播下的種子，
或許不會每一顆種子都順利成長，
但是總有幾次低落的時候，
會發現過去的種子長成了大樹替你擋雨。

陪伴的意義，
不是要對方完全理解自己。
陪伴的意義在於，
即使無法懂得對方，
也會把對方放在心上。

陪你一起風和日麗

作　　者 | 泰先生（崔聖哲）
發 行 人 | 林隆奮 Frank Lin
社　　長 | 蘇國林 Green Su

出版團隊
總 編 輯 | 葉怡慧 Carol Yeh
企劃編輯 | 鄭世佳 Josephine Cheng、高子晴 Jane Kao
責任行銷 | 姜期儒 Rita Chiang
裝幀設計 | 江孟達
攝影創作 | 李佩禎 pui cheng
版面構成 | 張語辰 Chang Chen

行銷統籌
業務處長 | 吳宗庭 Tim Wu
業務主任 | 蘇倍生 Benson Su
業務專員 | 鍾依娟 Irina Chung
業務秘書 | 陳曉琪 Angel Chen、莊皓雯 Gia Chuang
行銷主任 | 朱韻淑 Vina Ju

發行公司 | 悅知文化　精誠資訊股份有限公司
105台北市松山區復興北路99號12樓
訂購專線 | (02) 2719-8811
訂購傳真 | (02) 2719-7980
專屬網址 | http://www.delightpress.com.tw
悅知客服 | cs@delightpress.com.tw
ISBN：978-986-510-197-8
建議售價 | 新台幣360元
初版一刷 | 2022年01月

國家圖書館出版品預行編目資料

陪你一起風和日麗/泰先生著. -- 初版. --
臺北市：精誠資訊股份有限公司, 2022.01
面；　公分
ISBN 978-986-510-197-8(平裝)
1.CST: 自我實現 2.CST: 生活指導
177.2　　110022667

建議分類 | 心理勵志

陪你一起風和日麗
#泰先生